Anonymus

Denkwürdigkeiten des Hauptmanns von Köpenick

Der Räuberhauptmann in der internationalen Karikatur und Satire

Anonymus

Denkwürdigkeiten des Hauptmanns von Köpenick

Der Räuberhauptmann in der internationalen Karikatur und Satire

ISBN/EAN: 9783955643515

Auflage: 1

Erscheinungsjahr: 2013

Erscheinungsort: Bremen, Deutschland

@ EHV-History in Access Verlag GmbH, Fahrenheitstr. 1, 28359 Bremen. Alle Rechte beim Verlag und bei den jeweiligen Lizenzgebern.

Denkwürdigkeiten des Hauptmanns von Köpenick.

Der „Räuber-Hauptmann"
in der internationalen Karikatur und Satire.

„Der Wahre Jakob."

Onkel Chlodwigs Geist: Es ist schändlich! Alle Welt sprach von mir und meinem Buch — da kommt so ein Schuster aus Tilsit daher und sticht mich aus! Das ist rein zum Wiederlebendigwerden!

Verlag der „Lustigen Blätter" Dr. Eysler & Co. (G. m. b. H.)
Berlin SW. 69.

Wie der „Hauptmann" vor seiner Festnahme dargestellt wurde.

I.

„Lustige Blätter."

Wie die „Denkwürdigkeiten" entstanden.
Ein Interview.
Von Holzbock dem Jüngeren.

„Der Kerl soll eintreten!" Mit dem „Kerl" war ich gemeint. Und der mich zum Eintritt in die mit drei Riegeln gesicherte Zelle einlud, war der ehemalige „Herr der Stadt Köpenick", der sogenannte „falsche Hauptmann". Ich kann mir nicht helfen, aber ich schätze den falschen Hauptmann höher als einen echten. Denn echte Hauptleute gibt es genug in der Welt. Dieser falsche Hauptmann aber ist einzig. Und es will etwas heißen, einem Mann von solcher Bedeutung gegenüber zu treten!

Ich habe noch nie vor einem Mächtigen dieser Erde gestanden. Ich kenne nicht das Gefühl, das man beim Händedruck einer historischen Persönlichkeit, die von jedem Schullesebuch als hehres Beispiel angeführt wird, empfindet. Ich weiß nicht, wie dem zu Mute ist, der so ein Rädchen an dem großen Triebwerk der Weltgeschichte vor sich zu schauen Gelegenheit hatte. Und ich weiß nicht einmal, was ich eigentlich jetzt sagen wollte . . . .

Nur das weiß ich, daß ich, als ich seiner ansichtig wurde, der tagelang im Mittelpunkte des internationalen Interesses gestanden, der eine ungeteilte Heiterkeit von den brausenden Wirbeln des Niagarafalles bis zu den romantischen Gestaden des Goldenen Hornes und darüber hinaus entfesselt hat, daß ich, von der Größe des Moments überwältigt, in die Knie sinken wollte — und auch gesunken wäre, wenn der Boden nicht zu sehr mit Pech, Schuhen, Leisten und anderm Haus- und Unrat bedeckt gewesen.

Denn Herr Wilhelm Voigt — „unser Voigt" dürfen wir Deutsche wohl mit Stolz sagen, seitdem Se. Majestät ihn unter die „Berühmtheiten Deutschlands" erhoben — macht von dem ihm eingeräumten Rechte der Selbstbeschäftigung ausgiebigen Gebrauch und liegt dem edlen Handwerk der Schusterei mit gewohntem Eifer ob.

Wie ich Eintritt in das Untersuchungsgefängnis erlangte, brauche ich hier nicht zu erörtern. Ich habe doch nicht nötig, der Konkurrenz zu verraten, wie's gemacht wird. Jedenfalls wäre es übertrieben, zu sagen, daß eine Karte meines Verlegers selbst die geheimste Ministertür öffnet — wie dies seitens eines hauptstädtischen Zentralorgans, das ja auch in einem großen Verlage erscheint, der Fall sein soll. Es genügt anzudeuten, daß ich, Holzbock der Jüngere, niemals einen tadellosen schwarzen Rock angehabt und niemals den Mund gehalten habe — umgekehrt also, wie es der Urheber der „Denkwürdigkeiten", Onkel Chlodwig, empfiehlt. Und damit bin ich stets in meinem Leben ans Ziel gekommen — heute sogar vor den Untersuchungsgefangenen Wilhelm Voigt, den gloriosen Räuberhauptmann von Köpenick.

„Sie treten wohl ein wenig beiseite," sagte der berühmte Häftling zu dem Gefängnisbeamten, der mit in das Zimmer kam und auf diese Worte hin mehr nach dem Fenster zu retirierte. Ich konstatierte, daß die Meinung von den bestrickend liebenswürdigen Umgangsformen des weiland Hauptmanns keine übertriebene war. Und zu mir gewandt, begann er, den Hammer auf den Tisch legend: „Sie wünschen, mein Herr?" Nach dieser wohlgesetzten Rede hustete er in einen Spucknapf, der aus weißem Steingut bestand und einen Durchmesser von 24 cm hatte, bei einer Höhe von 10 cm. Ich halte es für wichtig, auch die geringste Nebensächlichkeit zu notieren.

„Oh," erwiderte ich bescheiden, „mich werden Sie doch kennen. Ganz Europa kennt mich ja von meinen gehaltvollen Berichten her — freilich überstrahlt Ihr Ruhm den meinigen ganz erheblich."

„Mensch, Sie müssen sich deutlicher ausquetschen!" unterbrach er mich diesmal wieder im Kommandoton.

Wie der „Hauptmann" vor seiner Festnahme dargestellt wurde.
II.

„Jugend."

Mit dem Schuster hier ist es, wie mit Deutschlands auswärtiger Politik: 'mal grob, 'mal fein.

„Ich komme," fuhr ich fort, „etliche Fragen an Sie zu richten." Dabei nahm ich mein Taschenbuch heraus, in das ich mir vorher einige Notizen gemacht hatte.

„Vorwärts marsch!" befahl Voigt leutselig.

„Also zunächst," begann ich das Interview, „wann und wo sind Sie mit der berühmten Tänzerin bekannt geworden?"

Der gute Mann sah mich etwas verständnislos an und um ihm das Begreifen zu erleichtern, stellte ich sofort die nächste Frage an ihn, die ich mir notiert hatte:

„Die Öffentlichkeit hat doch ein lebhaftes Interesse daran, zu wissen, ob Sie mit der Dame ehelich verbunden sind?"

„Wat? Wat meinen Sie?" brachte Voigt darauf hervor — seine Stimme klang etwas schummrig.

Ich ging zur dritten Frage über: „Vor allem, was das Resultat des Verhältnisses anbetrifft — ich möchte das Wort „Folgen" vermeiden — ich gebe zu, es ist ein heikles Thema, aber schließlich, ich, als Vertreter der öffentlichen Meinung, habe ein Recht, die Frage zu stellen: „Sind Sie der Vater des Kindes?"

Voigt zählte inzwischen etwas an seinen Fingern ab und ich hörte deutlich die Worte:

„Geistige Paralyse — Paranoia praecox — Gehirnschwund — Galoppierender Wahnsinn!" — Plötzlich ergriff er seinen Schusterhammer und traf Anstalten, mich damit in die Weichen zu pieken. Da ich aber gerade an dieser Stelle sehr empfindlich bin, wich ich vorsichtig aus, indes er mich anbrüllte:

„Mensch! Einer von uns beiden ist übergeschnappt! Manoli linksrum!?" Erstaunt blickte ich bald auf Voigt, bald auf mein Notizbuch, und plötzlich schoß die Erleuchtung mir durchs Hirn. Ich hatte mich beim Aufschlagen des Buches geirrt und die Fragen aufgeblättert, die ich die Absicht hatte, einige Wochen zuvor an den nunmehrigen Gatten der Isadora Duncan zu stellen.

Es gelang mir, das Mißverständnis bald aufzuklären, worauf Voigt, den Hammer wieder fortlegend, entgegnete: „Pardon!"

Daraus entnahm ich, daß er perfekt französisch spricht.

Ich schlug nun die richtige Seite des Notizbuchs auf und begann aufs neue das Gespräch.

„Sie sind Schuster von Profession?"

„Und auch von Konfession," entgegnete er.

„Wie soll ich das verstehen?"

„Ich glaube bloß noch an mein Pech, an das Material, mit dem ich arbeite."

„So ist es Ihnen also schmerzlich, der Freiheit so jäh entrissen zu sein?"

„Na und ob. Ich hatte gerade glänzende Aussichten für eine bedeutende Karriere."

„Nach welcher Richtung, wenn ich fragen darf?"

„Ich bekam eine Unmenge Angebote. Zwei davon just fünf Minuten vor der Verhaftung. Und gerade die hätten mich am meisten gereizt. Das eine betraf ein Konkurrenzgeschäft für Tippelskirch. Da wurde ein unternehmender Offizier gesucht."

„Und das andere?"

„Das andere war eine Anfrage vom „Kleinen Journal". Die brauchen einen Renommierchristen. Aus beiden Chosen ist nun leider nichts geworden."

Ich versicherte dem Betrübten, daß ich sein Bedauern teile und fuhr, auf seine Arbeit blickend fort:

„Schustern Sie nur für sich oder auch für andere?"

„Weshalb interessiert Sie das?" fragte er barsch, aber ohne Verdrießlichkeit.

„Weil ich sofort auf ein Paar Schuhe von Ihrer geschätzten Hand reflektieren würde." Innerlich dachte ich: In ein paar Jahren repräsentieren sie als kostbare Reliquie ein Vermögen. Voigt aber meinte:

„Sehen Sie, ich habe jetzt genug für mich zu tun."

Wie der „Hauptmann" vor seiner Festnahme dargestellt wurde.
III.

„Kladderadatsch."

„Das glaube ich," stimmte ich bei, „ich möchte auch nicht in Ihrer Haut stecken."

„So habe ich das nicht gemeint. Das bezog sich nur auf meine Schusterei. Sie sehen, es ist nicht ganz leicht, für mich passendes Schuhwerk zu fertigen. Ich trage nämlich stets nur zwei linke Stiefel."

„Wieso denn das?"

„Na, weil ich Plattfüße habe."

Dieses neue, bisher unbekannte Faktum schrieb ich sofort nieder. Und dieser Mann konnte unbehelligt als Offizier passieren?

Im übrigen beschloß ich, das Interview möglichst schnell zu beendigen, denn der Beamte im Hintergrunde gab lebhafte Zeichen von Ungeduld.

„Haben Sie irgend welche Aufträge? Soll ich draußen der Welt etwas von Ihnen erzählen? Haben Sie Wünsche, die ich erfüllen kann?" Das sollte meine letzte Frage sein.

„Gewiß, Sie können mir sogar einen großen Gefallen tun."

„Und der wäre?"

„Sehen Sie, ich bin schon so oft abgefaßt worden. Als junger Mensch schon, und dann in Wongrowitz beim Knacken der Gerichtskasse und endlich jetzt — und da hätte ich keinen

Wie aber der „Hauptmann" in Wirklichkeit ausgesehen hat!

andern Wunsch, als selbst einmal etwas abzufassen und wenn es meine Denkwürdigkeiten wären."

In mir dämmerte das Verständnis auf. „So tun Sie es doch!" ermunterte ich ihn.

„Mir fehlt leider die Zeit dazu, Sie können sich denken, die Verteidigung — —"

„Sie haben recht. Und da glauben Sie, daß ich das besorgen könnte."

„Gewiß! Sehen Sie: Material ist doch da! In Hülle und Fülle. Sammeln Sie alles, was die Zeitungen, die Wochenschriften und Witzblätter über mich geschrieben haben, und Sie haben die interessantesten „Denkwürdigkeiten" — mindestens so interessant wie die des Fürsten Hohenlohe. Vielleicht sogar noch etwas origineller. Denn dieser Hohenlohe hat sich erst langsam in seine Position emporgearbeitet. Und er brauchte eine ganze Lebenszeit für seine Memoiren. Ich aber habe mich mit einem kühnen Sprunge in den Mittelpunkt des Weltinteresses gestellt. J'y suis, j'y reste! Jawohl: hier bin ich — hier bleib ich! Es ist zwar fatal, das in Moabit zu sagen, wo ich lieber nicht bleiben möchte." Hier wurde Voigt melancholisch. Und plötzlich stützte er den Kopf auf die Hand und begann zu heulen wie ein Schloßhund — das war aber auch der einzige Zug an ihm, der mich an Bismarck erinnerte. Als er wieder seine Fassung erlangt hatte, fuhr er leise fort: „Immerhin, fassen Sie das Werk meines Lebens ab — ich stelle es Ihnen honorarfrei zur Verfügung."

Hierauf verabschiedete er mich mit einem warmen Drucke seiner pechglänzenden Hand, und bald befand ich mich wieder im Freien auf dem Wege nach dem Brandenburger Tor.

Unterwegs aber erwog ich die Anregung des Eintagshauptmanns und kam zu dem Schluß, daß es wohl nicht schwer sein dürfte, die „Denkwürdigkeiten" dieser „Berühmtheit Deutschlands" zu sammeln, daß es aber nicht ganz so leicht sein dürfte, als Mitarbeiter einen Herausgeber zu finden, der den nötigen Takt besitzt und keine „unabsehbaren Konsequenzen" heraufbeschwört.

Hier endigen die Blätter, die uns dieser Tage von dem uns im übrigen unbekannten Herrn Holzbock dem Jüngeren, nebst einem riesigen Pakete von Zeitungen, Schriften und Ansichtskarten eingesandt wurden. Wir glaubten, den Wink verstanden zu haben und übergeben hiermit der Öffentlichkeit diese sorgsam gesammelten und durchgesehenen „Denkwürdigkeiten des Hauptmanns von Köpenick". Der Herausgeber.

Der „Punch", das altbekannte englische Witzblatt, gibt der Befürchtung Ausdruck, es könnten die Reichsinsignien durch Strolche, die sich in der Maske von Parlaments-Würdenträgern einschleichen, gestohlen werden.

KLODS·HANS

REDAKTØR CHR FLOR
FORRETNINGS
◆ FØRER ◆
CHR LAURITZEN

◆ DEN 28 OKTOBER 1906 ◆ ❋ ❋ ❋ ◆ 8DE AARGANG N° 4 ◆

Røveren fra Köpenick
Mel.: Hver Morgen rejste jeg ned Krop

Paa Friedrichstrasse i Berlin
er Mængden svært fornøjet,
der ta'r man sig et billigt Grin,
imens man plejer Strøget.
Ach Gott! Borgmester Langerhans
blev trukket gyselig til Vands,
en Røver arresterad ham.
Og mens man transporterad ham
igennem Folkemassen,
stak Rev'ren a' med Kassen.

Nu søger de bag Busk og Hegn,
indtil de frem har banet
den falske Köpenick-Kaptain
fra Garderegimentet.
Man lag ej om hans Hals en Snor,
nej, han til Generalmajor
bør stige, thi koldblodig drog
han frem og 4 Fanger tog;
som Helt vi bør ham kranse,
ham turde ingen standse.

Hvis Kejser Wilhelm faar Dig fat,
det er til Dig, min go'e
Kaptain. For Kejseren hver Nat
har drømt om Hohenlohe,
nu drømmer han hvert Øjeblik
om Røveren fra Köpenick.
Han sukker dybt: „At sligt kan ske
her i min gode Stad ved Spree,
det er ogu en Skandale!"
saa lyder Kejs'rens Tale.

Der er Soldater-Disciplin
derovre hist bag Grænsen,
sligt sker ej her, naar sik'et Grin
hvis Hr. Borgmester Jensen
en Dag i Hallen til Benzé
af Hr. Kaptajn det blaue Lag
i Spidsen for en 9 à 10
af Stadets tapre Kompagni,
og Jensen gik i Tøjet —
saa blev der Grin paa Strøget.

Strophe 3 dieses Gedichtes aus dem besten dänischen
Witzblatte „Klods-Hans" lautet in freier Übertragung:

Hat ihn der Kaiser erst in der Macht
Und den falschen Hauptmann gefangen,
Dann träumt er nicht mehr jede Nacht
Von Hohenlohe'schen Schlangen,
Dann träumt er nur von Köpenick,
Vergessen ist das Mißgeschick
Mit den Indiskretionen
Die selbst nicht Fürsten schonen.

Het gebeurde te Köpenick

Aus „Weekblad voor Nederland", bekanntlich „Hoflieferant für Kaiserbilder".
(Das „Weekblad" hat seiner Zeit für das Karikaturenwerk „Lui" die grösste Anzahl von Bildern beigesteuert.)

Sonntagsblatt der N. Y. Staats-Zeitung.

Berliner Brief der New Yorker Staatszeitung.

Der Hauptmann von Köpenick wird zwar ebensowenig Major werden wie der Hauptmann von Kapernaum, aber mit diesem wird er noch in der Erinnerung als ein Mann von Kopf fortleben, wenn man die meisten anderen Hauptmänner schon längst vergessen hat. Er ist zwar kein richtiger Hauptmann, aber er ist ein Hauptkerl, und wenn er seine unkorrekte, schäbige Uniform ablegt, bleibt doch noch etwas Interessanteres übrig, als wenn so mancher wirkliche Hauptmann des Königs Rock ablegt. Und vor allem ist er ein Genie, sofern man von einem solchen verlangt, daß es sich nicht geniere. Trotzdem eignet er sich nicht zur Komposition, und ich erwähne die Köpenicker Affäre hier nur deshalb, weil von mancher Seite angedeutet worden ist, die Heldentat des Köpenicker Hauptmanns gäbe vortrefflichen Stoff für ein Operetten-Libretto. Da muß man doch sehr bitten, daß etwas weniger leichtsinnig geurteilt werde. Gewiß ist die Operette in den letzten beiden Jahrzehnten etwas heruntergekommen, und man hat Operettentexte erlebt, die so unglaublich sind, daß sie von der Polizei verboten werden sollten. Aber in keinem kommt es vor, daß die Polizei selbst dafür sorgt, daß der unverschämteste aller Räuber in seinem Geschäft nicht gestört werde; und wenn ein Librettist so weit gehen würde, möchte er bald den Unwillen des gekränkten Publikums zu seinem Schaden erfahren. Das Operettenpublikum läßt sich die unglaubigsten Situationen auftischen, wer ihm aber die Köpenicker Hauptmanns-Geschichte als komische Illusion vorsetzen wollte, würde sicherlich mit der Kritik abgewiesen werden, daß er sich das Gründen von operettenhaften Absurditäten denn doch etwas zu leicht gemacht habe. Wäre die Sache am 1. April passiert, keine ausländische Depeschen-Agentur würde sie ernst genommen haben. Und solche Wirklichkeit sollte noch gut genug für eine Operette sein? Auch der erfindungsärmste Operetten-Librettist wird solche Zumutung mit Entrüstung von der Hand weisen. Dagegen liegen Keime zu einer humoristischen Operetten-Situation in der verblüffenden Tatsache, daß sich die Köpenicker Stadtväter dagegen sträuben, einen Bürgermeister gehen zu lassen, der sich so tapfer hat verhalten lassen. Der Herr Hauptmann aber sollte schleunigst sich nach Amerika begeben, wo er als Attraktion im Time-Museum unendlich viel mehr Geld einheimsen könnte, als ihm die magere Stadtkasse von Köpenick eingebracht hat.

Natürlich hat der Besuch der Berliner Theater etwas nachgelassen, seitdem man am Biertisch die mutmaßlichen Konsequenzen des Köpenicker „Stadt-Streiches" diskutieren muß. (Glücklicherweise braucht man sich nicht an den Biertisch zu setzen, aber dem Köpenicker Hauptmann entgeht man leider nirgends. Auch in den Theatern nicht, denn dort singt jeder Komiker seit dem Tage von Köpenick eine Strophe mehr. Und gestern Morgen zog gar Dr. Meizel den Hauptmann bei den Haaren in seinen Vortrag über Klavier-Musik hinein. Kurzum, der alte schäbige Hauptmann hat nicht nur den Triumph gehabt, die Stadt Köpenick mit den Grenadieren seiner Majestät für eine Stunde lang im Belagerungszustand zu halten, er hat auch Berlin selbst erobert. Er wird sicherlich noch ein Denkmal im Tiergarten bekommen. Ein solcher Mann verdient es in der Tat, ausgehauen zu werden, zumal in einer Zeit, wo das Gewissen so viele zu Feiglingen macht, selbst wenn sie Reserve-Offiziere sind.

August Spanuth.

L'ILLUSTRATION

SAMEDI 3 NOVEMBRE 1906

UNE SCÈNE D'OPÉRETTE VÉCUE

L'arrestation du bourgmestre de Kœpenick par un cordonnier affublé d'une défroque de capitaine prussien.

„L'Jllustration", die bedeutendste illustrierte Zeitung Frankreichs betitelt das Bild:
Eine Operettenszene aus dem Leben.

Der Schelmenstreich von Köpenick.

Klingling, bumbum und tschingbaba,
Zieht im Triumph der Perserschah?
Und um die Ecke brausend bricht's
Wie Tubaton des Weltgerichts,
Voran der Bürgermeister.

Der Bürgermeister ächzt und stöhnt.
Er ist das Schweigen nicht gewöhnt.
Auch der Rendant marschiert im Trab.
Man nahm ihm seine Schlüssel ab.
Und dann der Herre Hauptmann.

Der Hauptmann naht mit stolzem Sinn,
Die Schuppenketten unterm Kinn,
Die Schärpe schnürt den schlanken Leib,
Beim Zeus! das ist kein Zeitvertreib,
Und dann det viele Jeldel

Zwei Pferdchen, rosenrot und braun,
Ziehn den Herrn Bürgermeister traun,
Samt der Frau Bürgermeisterin.
Auch der Rendant sitzt mitten drin.
Und dann die Grenadiere.

Die Grenadier' im strammen Tritt,
In Schritt und Tritt und Tritt und Schritt,
Das stampft und dröhnt und klappt und flirrt,
Laternenglas und Fenster klirrt,
Und dann die Köpenicker.

Die Köpenicker, dicht gedrängt,
Steh'n schwitzend ins Spalier gezwängt.
Aus Tür und Tor und Hof und Haus
Schaut Mine, Trine, Stine aus —
Und keiner wagt zu mucksen!

Der Hauptmann unterdes ganz sacht
Hat schlau sich aus dem Staub gemacht.
Ganz leise bumbumbumbum tsching
Flog da ein bunter Schmetterling
Tsching, tsching, bum, um die Ecke!

„Bohemia", Prag.

Wiener Caricaturen.

Was in Deutschland noch möglich ist.
(Nach Köpenick.)

Wie kaum anders zu erwarten, fassen die „Wiener Karikaturen" den Fall von der „lebenslustigen Seite" auf.

1. Die Hauptsache. Untersuchungsrichter: Sie, Bürgermeister, quasseln Sie nicht soviel über Nebendinge. Wo ist die fehlende Mark, die der Herr Hauptmann nicht fand?

2. Pour le mérite. Der wackeren Mannschaft für blinden Gehorsam.

3. Aufgesessen! Offizier: Väterchen, namens des Revolutionskomitees erkläre ich dich für verhaftet! — Zar: Ha — ha! Ich fall' nicht rein!

4. Das Heiligste. Richter: Falscher Hauptmann oder nicht — die Uniform mußten Sie respektieren — — Ehrfurchtsverletzung — — 10 Jahre Zuchthaus!

5. Mäßigung. — So, Lude, da hast de och die Mütze, jetzt kannst de Bürgermeister verhaften, Paraden abhalten — aber daß du mir keene Dummheiten machst und mit Frankreich nicht Krieg anfängst!

Der „Floh", Wien.

Aus dem Wiener „Kikeriki", der angstvoll die Frage aufwirft: „Sind unsere Offiziere echt?

Heernse!

Acht Dage herrschte in der Welt,
Wer Köpenick so fein gebrellt,
    E Duster
Nu aber is es sonnenklar:
Der Köpenicker Haubtmann war
    E Schuster.

Er brauchte grade etwas Draht,
Den er vom Köpenicker Rat
    Sich holte,
Indem er kernig gleich derbei
Zivil, Miliz un Bolezei
    Versohlte.

Gelungen is es ihm mit Glanz,
Was er beim Doktor Langerhans
    Bezweckte,
Wobei er diesen keck un frech
Mit fast noch mehr wie Schusterpech
    Befleckte.

Es hat jedoch ihm nischt genützt —
Der geniale Hauptmann sitzt
    Im Kittchen
Un macht auf Schusters Rappen nu —
Zeit hat er ja da drin derzu —
    Sei Rittchen.

Traugott Wärschtebesser.
(„Dresdener Nachrichten.")

THURSDAY, October 18, 1906

Daily Mail

AMAZING ROGUE.
TOWN DUPED AND ROBBED.
GERMANY SHAKEN WITH LAUGHTER.
KAISER AND THE "AMIABLE SCOUNDREL."
GREAT HUE AND CRY.

(From Our Own Correspondent.)

BERLIN, Wednesday, Oct. 17.

To-morrow morning the advertising pillars of Berlin will be placarded with flaming red police posters offering a reward of £100 for the detection of the bogus captain who yesterday arrested a mayor, stole £250, and generally duped a whole township.

The £100 reward is the largest ever offered here. This fact indicates eloquently how madly anxious the authorities are to apprehend the criminal. The pursuing forces are divided into four detachments and are patrolling Berlin in a circle.

The police are receiving alleged clues hourly, but most of them are entirely useless. The bogus officer had ample time to put on a fresh disguise, and the general belief is that he will never be found. It is said that he dined to-night in Berlin quite unconcernedly, reading the newspaper accounts of his exploits, which have completely pushed the Hohenlohe memoirs out of memory.

While battalions of mounted soldiers, gendarmes, and police are scouring the countryside for a trace of the bogus captain, Germany is giving itself over to one mighty roar of laughter at the expense of its beloved army, mingled with the melancholy dirge of self pity for its own cowering respect for the omnipotent uniform. Only the army refrains from joining in the tumultuous amusement wherewith the country is rocking, for the incident, by general consent, has dealt military caste a blow from which it will probably take decades to recover.

THE ONLY CLUE

Absolutely no trace of the swindler has been discovered, except his discarded sword, which was found at the railway station at Kixdorf, where he took off his uniform and put it into a box, leaving the weapon behind, because apparently it was impossible to squeeze it into the package.

He was seen later trudging through the streets of Kixdorf with the parcel under his arm, but since then the Kaiser's most puissant military and police sleuths have lost the scent. The authorities have a close description of the captain, but his appearance is much minus a moustache, which it is certain has in the meantime been removed, will be so different from the imposing figure he cut as a dashing officer of the Guard de Corps that his apprehension is not likely to be a matter of hours.

At the rigorous direction of the Kaiser himself, the search for the swindler is proceeding with a thoroughness unequalled in German criminal annals. His Majesty learned the story by special telegram at one o'clock this morning.

The wires between Berlin and Bonn fairly burned to-day with exhaustive particulars and developments, which the Emperor demanded should be despatched to him to the fullest possible extent. His sense of humour has been deeply touched, as manifested by his telegraphic reference to the bogus officer as "Genialer Kerl" (amiable scoundrel).

It is understood, however, that language of an extremely forceful and explicit nature fell from the Imperial lips when the incident in all its side-splitting details was laid before him by a non-commissioned officer.

A GROTESQUE FIGURE.

The twelve soldiers who belong, by the way, to a regiment regarded as the keenest of the whole Guard de Corps, and who so blandly lent themselves to the swindler's plans, were to-day taken into custody, but not actually arrested.

They are likely to escape serious punishment because they can invoke as extenuation of their gullibility the blind obedience their superiors have so mercilessly hammered into the hands of German soldiers, who are told that they must not shrink from shooting their own fathers and mothers, and to whom the Kaiser himself said in November, 1883:—

"There is only one will and one law, which is mine."

Dr. Gangerhans, the arrested burgomaster, cuts the most grotesque figure of all, and he is unlikely to emerge without the loss of his official bond. As a graduated barrister he ought to have known that not even the Kaiser has the right to arrest a citizen, to say nothing of a burgomaster, without the production of a warrant.

The burgomaster's wife, who insisted upon accompanying her arrested husband against the captain's will, is declared to have been the only "man" in the whole incident.

THE MAYOR'S STORY.

According to his own account of the affair, the Burgomaster of Koepenick, Dr. Langerhans, was sitting in his office when the door burst open and a captain and two Grenadiers with fixed bayonets appeared. The captain, who was wearing the full uniform of the 1st Grenadier Regiment, said: "Are you the Burgomaster of Koepenick?" Dr. Langerhans replied that he was. The captain said: "You are my prisoner by his Majesty's orders, and you will be immediately taken to Berlin."

The Burgomaster interposed: "I beg—"

"You have nothing to beg," the captain interrupted, rudely. "I have told you already that you are my prisoner."

The Burgomaster asked to see the warrant, but the captain said this would be shown him in Berlin. Dr. Langerhans was then taken downstairs, where a carriage was waiting surrounded by an enormous crowd, attracted by the fact that all the entrances were guarded by armed sentinels with fixed bayonets.

The carriage conveying the Burgomaster and the sergeant of police reached the "Neue Wache" (the guard house) opposite the Palace in Unter den Linden at seven o'clock.

The officer of the guard was astonished beyond measure when the prisoner was handed over into his charge, and his stupefaction increased when the grenadier on the box was subjected to cross-examination and proved to be wholly ignorant of the famous captain's name.

Explanations, in the course of which Dr. Langerhans said he had been forced to the conclusion that he had been denounced for some military offence and arrested, followed on all sides. The prisoner was released, and investigations of a scorching character were set on foot, with a view to the discovery of the captain and the cash.

Das englische Blatt beschäftigt sich eingehend mit der Stellungnahme des Kaisers und schreibt:

„Seine Majestät erfuhr die Sache durch ein Telegramm heute früh um 1 Uhr. Dann wurden die telegraphischen Leitungen zwischen Berlin und Bonn warm gehalten durch die unaufhörlichen Anfragen, mit denen der Kaiser alle Details erbat. Sein Sinn für Humor kam dabei zur vollen Geltung und er bezeichnete den Gauner in einem seiner Antwort-Telegramme als einen „genialen Kerl"."

Gleichzeitig wird jedoch behauptet, daß Worte von ausgesuchter Schärfe und von sehr ausdrucksvoller Redeweise den kaiserlichen Lippen entfuhren, als die Tatsachen mit all ihren lächerlichen Details dem Monarchen vorgelegt wurden.

In der vorhergehenden Nummer schrieb sie:

„... Die gestrige Tragikomödie kann für das deutsche Volksleben zwei umwälzende Änderungen haben. Erstens: Die Zerstörung des Grundsatzes, daß man vor des Kaisers Rock den Kotau machen muß, wie einst die Schweizer vor Geßlers Hut. Zweitens: der blinde, gedankenlose Gehorsam, der den teutonischen Soldaten als die ruhmreichste Tugend eingeprägt wird, kann eine erhebliche Abschwächung erfahren. Ohne diese Traditionen, die dem deutschen Volke ins Fleisch und Blut übergegangen sind, könnte sich die Tragikomödie von Köpenick nicht ereignet haben, die das Reich dem Hohngelächter beider Hemisphären preisgibt."

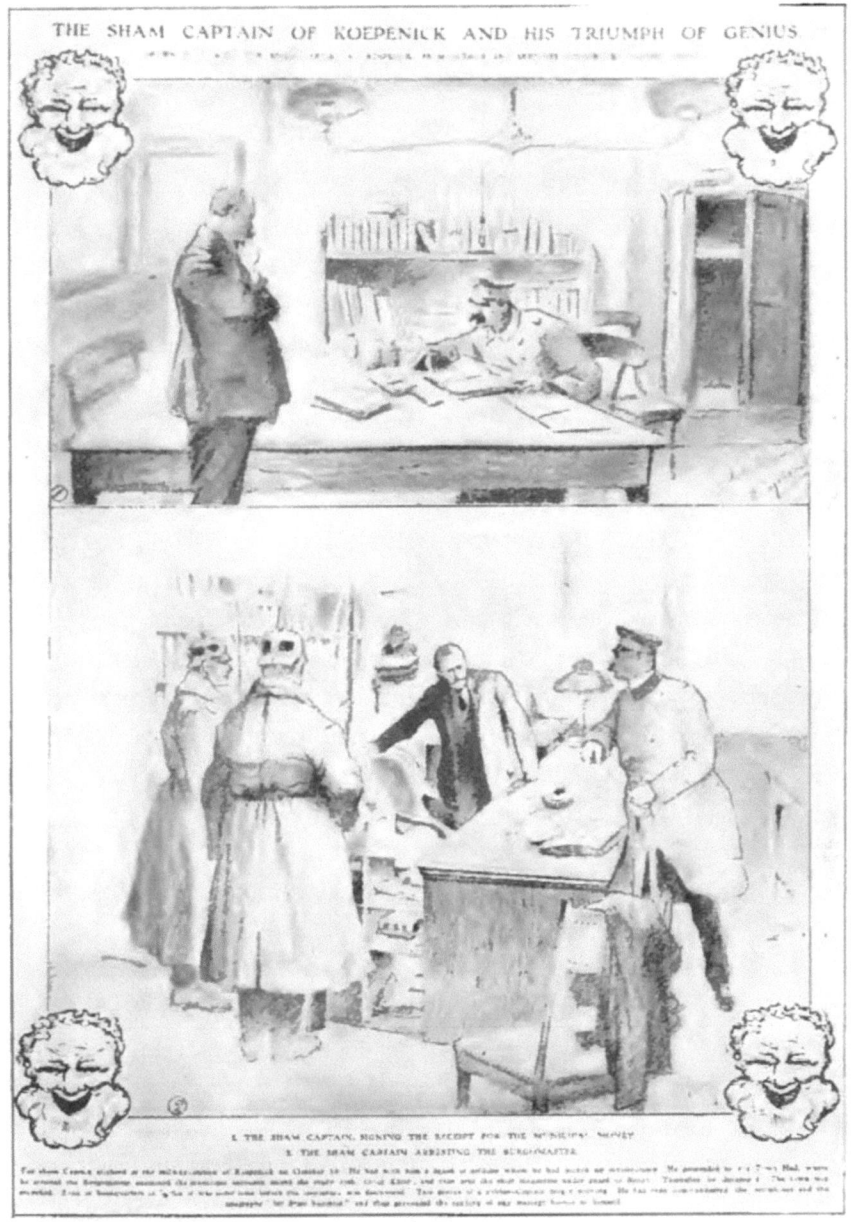

1. Der Hauptmann stellt die famose Quittung aus.
2. Der Hauptmann verhaftet den Bürgermeister.

„Illustrated London News".

Der Grenadier von Köpenick.

Ich sah den Hauptmann von der Garde
Und schwankte keinen Augenblick,
Trotz falscher Schärpe und Kokarde
Zog ich mit ihm nach Köpenick.
Gar gröblich hätt' ich mich vergangen,
Hätt' die Vernunft sich drob empört..
Hab' ich zu denken angefangen,
Hat Preußens Größe aufgehört.

Das ist's was den Soldaten zieret,
Und dazu ward ihm der Verstand,
Daß er ihn ganz und gar verlieret
Beim heil'gen Dienst fürs Vaterland.
Drum durfte man von mir verlangen,
Was Köpenicks Geschichte lehrt..
Hab' ich zu denken angefangen,
Hat Preußens Größe aufgehört.

Die Menschen widersprechen gerne,
Ihr Mundwerk ist zumeist nicht faul;
Die hohe Weisheit der Kaserne
Liegt in den Worten: „Halt' das Maul!"
Paradeschrift schafft rote Wangen,
Die Arbeit des Gehirnes stört..
Hab' ich zu denken angefangen,
Hat Preußens Größe aufgehört.

Nun höhnt des Volkes breite Masse,
Der Ganner, er ergriff die Flucht;
Doch neben der beraubten Kasse
Sitzt stolz die deutsche Manneszucht.
Uns trieb, als wir ins Rathaus drangen,
Die Treue, die zur Fahne schwört..
Hab' ich zu denken angefangen,
Hat Preußens Größe aufgehört.

Wer für den Heeresdienst erkoren,
Der frage niemals: „Was ist los?"
Die Einfalt eines reinen Toren
Stärkt hie und da ein Rippenstoß.
Und — dann noch Keile zu empfangen,
Ist mir kein falscher Hauptmann wert..
Hab' ich zu denken angefangen,
Hat Preußens Größe aufgehört.

Als eines Bürgermeisters Wächter
Werd' ich im Bilde dargestellt,
Und es durchtobt ein Hohngelächter
Die alte und die neue Welt.
Bin ich auch auf dem Leim gegangen,
So sagt doch Jeder, was mich ehrt:
„Hat der zu denken angefangen,
Hat Preußens Größe aufgehört.."

Leo Leipziger im „Roland von Berlin".

In Köpenick ist ein Ding passiert ei   e Die Kasse aber wird konfisziert.
Das Bürgermeisterpaar wird arretiert. Und der Hauptmann mit dem Schnurr-
                                       bart, der kommandiert

Eine der erſten in Berlin erſchienenen illuſtrierten Poſtkarten.

Befähigungsnachweis.

„Kennen Sie den Unterschied zwischen einem echten und einem falschen Hauptmann?"

„"Nein.""

„Dann können Sie Bürgermeister von Köpenick werden."

„Luſtige Blätter."

Der Inhaber des Hotels Springer in Coblenz veröffentlichte in dortigen Tagesblättern folgendes zeitgemäße Inſerat:

Grosser Köpenicker Gauner-Schmaus.

Spezialität: Köpenicker Bürgermeister-Kotelette nach Hauptmanns Art mit Grenadiersauce u. Rendantenpurée — **95** Pfg.

Nr. 43.   Berlin, den 22. Oktober 1906.   XII. Jahrgang.

Die heilige Uniform.

Mit der Gewalt eines Erdbebens erschüttern Lachstürme Europa. Ein genialer Gauner hat eine glänzende Parodie auf die amtliche preußische Intelligenz in Uniform und am grünen Tisch aufgeführt, in der die militärische und Polizeimacht, die gepriesenen Säulen der Monarchie, als eifrige Statisten mitwirkten, bereit, jeden niederzuschlagen und aufzuwischen, der nicht ebenso löffelhaft hineinfiel wie sie und dem Räuberhauptmann etwa bei seiner Arbeit hören wollte. Ja, ja, Köpenick in Preußen voran, Preußen in Teutschland voran, Teutschland in der Welt voran! So sagt jawohl unser großer Kanzler, der eben wieder in der Reichshauptstadt aufgetaucht ist, gerade als Berlin Tränen lachte, um sich von sechs Monaten anstrengenden Badeaufenthaltes eine Weile zu erholen. Als unfreiwilliger Lachstoff für das Ausland ist Preußen mit seinem kadavergehorsam und Militarismus zurzeit allerdings in der Welt voran und schlägt jeden Rekord.

Leider verbietet die Tradition unseres Blattes dem Leitartikler den Gebrauch von Knittelversen im Stile der Jobsiade, die allein würdig wären, das Ereignis der Woche gebührend zu feiern. Wir haben über Shaws „Helden" im Theater gelacht, aber die Komödie von Köpenick würde im Theater als zu krass übertrieben und unwahrscheinlich in der Situationskomik abgelehnt werden. Wohin das lachende Auge schweift, erblickt es zwerchfellerschütternde Genrebilder von unwiderstehlicher Komik. Da ist zuerst das unglückselige Oberhaupt der Stadt, das tapfere „Hänschen von Köpenick". Er hat es weiter gebracht als sein greiser Onkel, der wohl zum Berliner Stadtverordnetenvorsteher, aber nie zum Sanitätsrat erkürt worden ist, dieweil er allezeit ein ehrlicher und aufrechter Demokrat geblieben ist. Kein großer Geist und kein großer Redner, aber ein Charakter, und das ist heutzutage viel. Der Neffe aber, im Nebenamt Bürgermeister, in wohlbestallter Leutnant der Reserve, und das war sein Verhängnis. „Wer eine Uniform trägt und mich anschnauzt, vor dem steh' ich stramm, die Hände an der Hosennaht, dem habe ich blindlings und ohne Prüfung zu gehorchen", so dachte er gleich den Augen des Gesetzes, den Gendarmen und Polizisten, und vergaß Verfassung, Gesetz, Beamtenpflicht und Bürgermut. An dem Neffen in Köpenick erlebte der alte Langerhans so wenig Freude, wie einst an seiner Tante in Paris, auf deren politische Orakel hin er auswärtige Politik treiben wollte. Als Opfer des Staatsstreiches von Köpenick ist der Bürgermeister bereits in der Versenkung verschwunden und summt nun nach alter Melodie: „Und der Hauptmann mit dem Schnurrbart, den ich nicht vergessen kann." Nur einen Mann scheint es im Rathaus zu Köpenick gegeben zu haben: das war die resolute Frau Bürgermeisterin.

Schade, jammerschade, daß Meister Wilhelm Busch Stift und Feder beiseite gelegt hat und als Einsiedler in der Lüneburger Heide lebt! Er allein könnte die Mär von Köpenick der Nachwelt so kongenial künden, daß sie unsterblich lebt im Liede.

Chefredakteur: Karl Schneidt

Der Schuster als Offizier

.... Rein menschlich genommen, kann man bedauern, daß der Mann, der dem Militarismus einen so wuchtigen Schlag versetzt und in so genialer Weise an dem persönlichen Regiment Kritik geübt hat, nun doch den Häschern und dem Gericht verfallen ist. Hunderttausende mögen in diesen Tagen um ihn gebangt und gewünscht haben, es möge ihm gelingen, das verhältnismäßig kümmerliche Honorar, welches für seine große Mühewaltung ihm zufiel, wenigstens in Frieden und mit gedeihlichem Behagen zu verzehren. Alle diese menschenfreundlichen Zeitgenossen werden — ebenso wie Schreiber dieser Zeilen — zunächst ein Gefühl des Bedauerns darüber empfunden haben, daß es nun doch anders gekommen ist. Wenn man aber an das Abenteuer von Köpenick den Maßstab ästhetischer Betrachtung anlegt, gelangt man bald zu der Einsicht, daß es schließlich doch so kommen mußte, wie es nun der Fall gewesen. Dadurch, daß der geheimnisvolle Held jenes vielbesprochenen Streiches ins grelle Licht der Öffentlichkeit gestellt und in ihm ein Angehöriger der untersten Volksklasse erkannt wurde, der noch obendrein eine Vergangenheit hat, die ihm weder zur Empfehlung bei den Gutgesinnten gereicht, noch auch jemals ihm Gelegenheit gegeben hat, sich in selbstbewußtem Auftreten und vornehmen Manieren zu üben — gerade dadurch hat dieser Fall erst seine volle künstlerische Abrundung erlangt. Nunmehr wirkt die Satire, die vom Hintergrund der vielbelachten Köpenicker Vorgänge sich loslöst, erst recht ergötzlich und überwältigend auf jeden ein, der für so was empfänglich ist. Nun ist die Blamage derjenigen, die dem falschen Hauptmann täppisch ins Garn gingen, erst vollkommen, und die Kritik des Militarismus, sowie auch seiner "erzieherischen" Ergebnisse wird durch diese neueste Überraschung dermaßen vertieft und verschärft, daß ihre Wirkung hoffentlich auf recht lange Zeit hinaus vorhalten wird.

Der Mann, den alle Welt für einen echten Hauptmann hielt, bloß weil er die Uniform und die Rangabzeichen eines solchen zur Schau trug, hat also nie vorher des Königs Rock getragen. Statt des Degens hat er den Schusterkneif gehandhabt. Ein gemeiner Zivilmensch hat es verstanden, ganz leidlich den Offizier zu markieren und selbst wirklichen Militärs den Glauben beizubringen, daß er dem Offizierkorps als aktives Mitglied angehöre. Alle, mit denen er an jenem denkwürdigen Tage, an dem er für ewige Zeiten seinen Ruf begründete, „in dienstlicher Eigenschaft" in Berührung kam, haben ihn für einen Angehörigen des bevorzugtesten Standes gehalten.

→ **Herrliche Zeiten.** ←

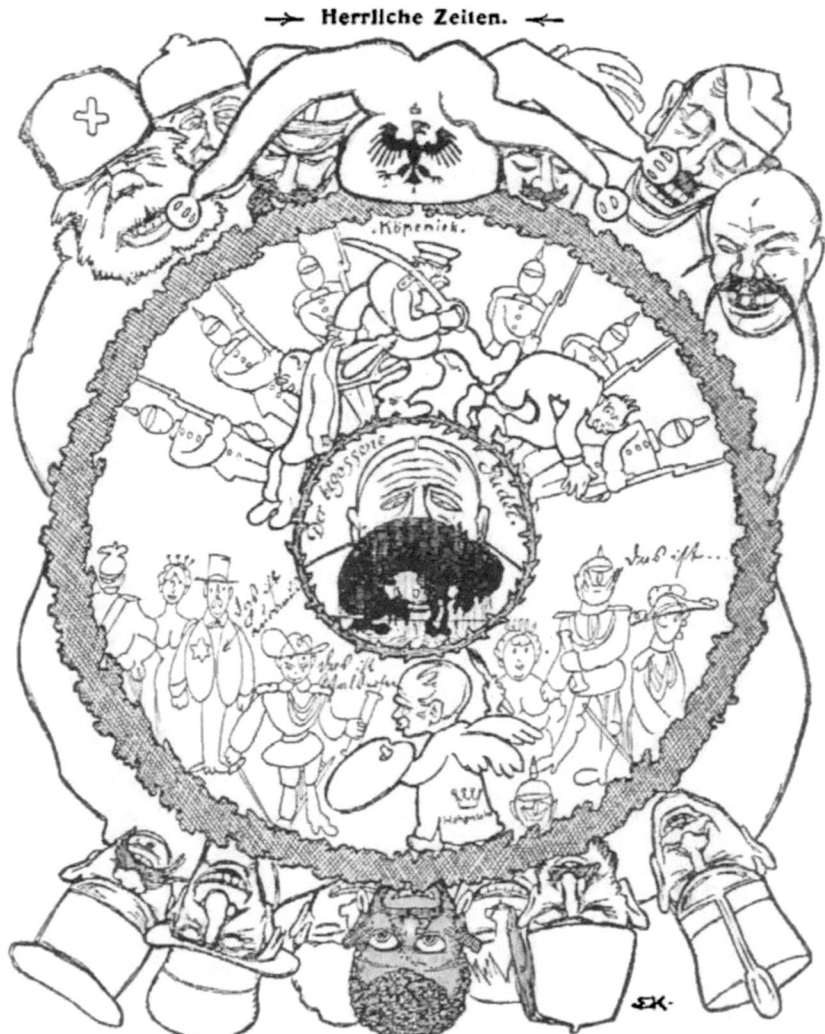

Es ist erreicht! Endlich steht Deutschland voll und ganz im Mittelpunkt des internationalen Interesses!

Der „Dorfbarbier".

Die erste und ungemein populär gewordene „Köpenicker Postkarte".

Le Petit Parisien

Le Fétichisme en Allemagne

La petite ville prussienne de Kœpenick, qui est presque un faubourg de Berlin, avait été, jusqu'à présent, comme les filles sages qui ne font pas parler d'elles. La célébrité lui arrive, grâce à l'audacieux voleur qui, costumé en capitaine, s'est fait suivre de soldats dociles à la vue de son uniforme, a réquisitionné la gendarmerie et la police obéissantes pour arrêter le bourgmestre et s'emparer de la caisse municipale.

En apprenant cette amusante histoire, on commence par rire ; puis, à la réflexion, on remarque que ce fétichisme allemand pour les épaulettes d'un officier, est effrayant. Si un inconnu, habillé en capitaine, peut disposer de la force armée, que ne pourrait faire un général ?

En petit et pour commettre un vol, ce malfaiteur a copié le général Malet, sous le premier Empire, qui, en racontant la prétendue mort de Napoléon en Russie, avait réussi à s'emparer de la plupart des autorités et qui fut un instant maître de Paris.

De braves soldats allemands, de fidèles gendarmes, de clairvoyants agents de police, n'ont pas hésité à obéir au premier venu portant un habit d'officier, qui leur commandait de procéder à des arrestations.

Un vertueux grenadier, infèodé à la consigne, mis en faction à la porte du bourgmestre, ne voulait pas quitter ce poste avant d'avoir été relevé par celui qui l'avait placé là.

Voilà où conduit ce caporalisme à outrance, auquel l'Allemagne est soumise depuis bien des années et qui a transformé en caserne la patrie de Gœthe et de Schiller.

Les journaux libéraux sont fort émus de cette aventure, et ils ont raison de l'être. C'est un symptôme après tant d'autres, un incident significatif après les révélations des mémoires du prince de Hohenlohe.

On assure que l'empereur n'a pas appris avec indifférence ce curieux épisode. Peut-être en a-t-il lui aussi, tiré des réflexions sur l'état des esprits en Allemagne et sur le système gouvernemental. — X.

Der „Petit Parisien", das Blatt, das „die stärkste Auflage unter den Zeitungen der ganzen Welt hat", findet die deutsche Fetischverehrung, die den Offizierspauletten erwiesen wird, geradezu erschreckend.

„Wenn ein Unbekannter", schreibt er, „als Hauptmann verkleidet über die Heeresmacht verfügen kann, was könnte dann nicht ein General tun?

„Im Kleinen, und um einen Diebstahl zu begehen, hat dieser Verbrecher den General Malet kopiert, dem es unter dem ersten Kaiserreiche gelang, mit dem Lügenbericht, daß Napoleon in Rußland gefallen sei, die meisten Behörden auf seine Seite zu bringen und für einen Augenblick Herr von Paris zu werden.

„Tapfere deutsche Soldaten, treue Gendarmen, scharfsichtige Polizeibeamte haben nicht gezögert, dem Ersten besten zu gehorchen, der eine Offiziersuniform trug und ihnen befahl, Verhaftungen vorzunehmen. . . .

„. . . Da sieht man, wohin der bis zur Übertreibung gesteigerte „Kaporalismus" führt, dem Deutschland seit soviel Jahren huldigt, der in eine Kaserne das Vaterland Göthes und Schillers verwandelte." . . .

Westminster Gazette.

The Cap and Sword Fetich.
(With apologies to the Burgomaster of Koepenick.)

Der Hauptmann von Köpenick.

    In früheren Tagen stellte man sich einen Räuberhauptmann als einen schwarzbärtigen Kerl mit Schlapphut und Radmantel vor, den Gürtel mit Dolchen und Pistolen gespickt, als einen Feind der Staatsgewalten aus innerster Abneigung und Überzeugung. Der Räuberhauptmann von heute legt die Uniform eines Garderegiments an, verwendet den Stolz des deutschen Landes, Soldaten und Gendarmen, zur Unterstützung seiner Freveltat und geniert sich sogar nicht, den blendenden Glanz des obersten Kriegsherrn für seine dunklen Zwecke auszunützen.

    „Auf Befehl des Kaisers . . .!" Nur vaterlandslose Gesellen können da erst noch fragen, ob der Mann, der dies Wort spricht, einen solchen Befehl empfangen habe, ob dieser Befehl überhaupt gegeben sein kann.

    Es wäre eine knifflige Untersuchung, durch welchen Zeitgenossen der blinde Gehorsam, der zu solchen absonderlichen Erfolgen führt, im deutschen militärisch zugeschnittenen Staat besonders gefördert worden ist. Kant's kategorischer Imperativ der Pflicht, wie Wilhelm II. sich bei der Hochzeit im Hause Krupp etwas unkantisch ausdrückte, sollte doch eigentlich hellen Jungen aus den Garderegimentern nicht in der Weise klar gemacht werden, dass sie einfach vor jeder Offiziersuniform stramm zu stehen haben, gleichviel wer darin steckt! . .

                        Paul Block im „Berliner Tageblatt".

Brief des Schusterjungen Fritz Able.

Aus dem humoristischen Sonntags-Feuilleton Benno Jakobsons im „Berliner Börsencourier" sei folgende ergötzliche Stelle zitiert:

Aber nich blos uff de Straße, ooch zu Hause in die Familjen is bei de Unterhaltung Köpenick jetzt Trumpf! Vorjestern Abend is bei meinem Meesta die Jeschichte jründlich erörtert worden und hat sich schließlich sogar so dramatisch zujespitzt, det bloß noch die Drehbiehne fehlte!

Also der „Karbonaden-Willem" war bei Meesta's uff Besuch jekommen. Det is een kleener Restoratör, der schon als Junge mit meinem Meesta zusammen in die Jemeindeschule jejangen is! (Det heißt, meerschenteils hab'n se ihr jemeinschaftlich jeschwenzt.) Wie jesagt, „Karbonaden-Willem" war bei uns zu Besuch un et jing ziemlich hoch her. Die Meesterin hatte sojar een frisches Dischtuch uffjelegt — wat seit zwee Monate nich mehr der Fall war. Et wurde natierlich mechtig gepichelt. Mein Meesta war so uffjekratzt, det er jejen elwen den neien Text zu die so populeer jeword'ne „Matschitsche" zu singen anfing:

„Wenn meine Frau sich auszieht,   Die Beene wie zwee Kiepen,
Wie die denn aussieht!   Et is zum Piepen!"

Da der Olle, wie jesagt, mächtig knille war, hielt die Meestrin den Oogenblick vor jünstig und langte sachte in seine linke Hosentasche rin, wo det Luder det Portmonneh dreejt! Der Meesta merkte aber den Zimmt, klopfte ihr derbe uff die Hand und sagte:

„Oller Kassenräuber!"

Nu war'n wir mit eenmal mitten mang Köpenick!

Ick mischte mir jeistvoll ins Jespreech, indem ick sagte:

„Ob die viertausend Mark, die der Hauptmann jejrapscht hat, woll von die oberen Zehntausend waren?"

Dieset „Apperzuh" fand aber keenen Anklang und jing so spurlos vorieber, wie Moses durch det rote Meer.

„Neechstens" — meinte der Meesta in'n Verloof von det Jespreech — „wird een Einbrecher in Berlin uf de Straße vier Nachtwechter abkommandieren; dann zieht er mit die Leute nach de Thierjartenstraße vor eene Villa un leßt de Nachtwechter Schmiere stehen, weehrend er oben in Seelenruhe arbeetet!"

„Nebenan, bei Direktor Meiers" — erzeehlte die Meesterin — „dient doch die Hulda, een sehr hübsches Meechen. Jestern Abend kurz vor zehne, wie se jerade Pilsner vor de Herrschaft besorgt hat, kommt ihr in' Hausflur een Untroff'zier nach, den sie jar nich kennt!"

„Karbonaden-Willem" runzelte die Stirn:

„Hat der Untroff'zier denn wat mitjenommen?"

„Nee — sie hat ihn mitjenommen! 'n andern Dag hat sich 'rausjestellt, det jar keen richtjer Untroff'zier bei det Meechen war, sondern een Hausdiener, der sich die Uniform jeborjt hatte!"

„Aber nich, um ihr zu verhaften!" — schmunzelte der Restorateur.

„In Köpenick hat man 'mal recht sehen können" — sagte der Meesta — „wat bei uns vor Zustände sind! Wenn eener 'ne Offzier-Uniform erblickt, kriegt er vor Respekt jleich 's Zittern in de Beene un rutscht uff'n Bauch!"

„Karbonaden-Willem", der 70/71 mitjemacht hat — als Lazzarett-jehilfe in Spandau und bei dem jeden Monat een Kriejer-Verein mit Jott vor Keenig un Vaterland sauft, schrie:

„Een Mensch wie Du, der nich mal die neetige Brustweite jehabt hat, will sich erlauben, wat jejen die Armee zu sagen? Oller Sotsjaldemokrat! Rabattentreter-Fabrikant!"

„Bierplantscher! Karbol-Aujust a. D." — schimpfte mein Meesta. Na, wat soll ick Jhnen sagen, et kam zu eene Prüjelei — bald lag mein Meesta unten, bald lag der Karbonaden-Willem oben! Erfreulicherweise bekam dabei uns're Olle ooch eens in de Rippen! . .

Beilage zu Nr. 43 der „Königsberger Jllustrierten Zeitung".

Schuster Voigt aus Tilsit der „Hauptmann von Köpenick."

Unsere Achtung vor dem genialen Hauptmann, der mit so großem Chik seine Rolle von Anfang bis zu Ende durchgeführt, ist um 50 Prozent gesunken, denn wenn der Mann wirklich so schlau wäre, wie man allgemein annahm, denn hätte er sich nicht so schnell greifen lassen. Mit Bedauern hat die Welt vernommen, daß kaum eine Woche nach dem alles in Erstaunen setzenden Fall, der Mann mit der großartigen Jdee, Schuhmacher Voigt aus Tilsit, 57 Jahre alt, wovon er 27 Jahre im Zuchthaus zugebracht, in der Langen Straße festgenommen ist. Bekommen hätten sie ihn schon, 'aber er hätte doch noch etwas länger die Welt in Spannung halten können.

Bisher hat die Welt geglaubt, die Berliner und alle, die da rum wohnen, wären helle — aber jetzt sind sie von einem simplen Ostpreußen überrumpelt worden. Ganz Ostpreußen müßte dem sehr geehrten Herrn Voigt in seiner Vaterstadt Tilsit, vielleicht auf der jetzt im Bau befindlichen Brücke über die Memel, ein Standbild errichten.

„Gott Uniform."

LE CAPITAINE FANTOME

Les insignes de grade du pseudo-capitaine ont été retrouvés, mais le capitaine point — Surprenantes révélations des graphologues.

BERLIN, 19 octobre. — *Dépêche particulière du « Matin ».* — Le pseudo-capitaine de Kœpenick court toujours. On a trouvé son sabre dans une gare de banlieue, son pantalon et son képi sur le champ de manœuvre de Tempelhof, et c'est tout, jusqu'à présent.

On sait qu'il est rentré à Berlin dans la voiture d'un garçon boucher, qu'il s'est acheté un complet et a changé, en le payant, un des billets de 1,000 marks enlevés à la mairie de Kœpenick. Après cela, on perd sa trace.

Faute de mieux, on exerce sur l'écriture du filou la sagacité des graphologues. Les conclusions des experts sont des plus flatteuses pour le cambrioleur : sa signature est celle d'un homme « distingué et correct, du moins dans ses manières ; l'absence de fioritures et les zéros bien fermés dénotent un certain âge et une grande circonspection. La forme même des caractères indique chez celui qui les a tracés une pensée logique et une résolution rapide... »

« Nous savions déjà tout cela », disent les journaux berlinois qui se gaussent à qui mieux mieux de la police et de ses efforts impuissants.

« Le tour vaut bien 4,000 marks », écrit ce soir peu chrétiennement la catholique *Germania*. Quant au *Vorwaerts*, on devine aisément quelle morale il tire de l'incident, et quelle bonne occasion il y trouve de « blaguer » le respect des galons et l'obéissance passive.

LE KAISER EST SANS PITIE

L'empereur d'Allemagne aurait déclaré qu'il ne gracierait point le cordonnier, héros de l'aventure de Kœpenick.

BERLIN, 2 novembre. — *Dépêche particulière du « Matin ».* — L'empereur est disposé à se montrer sévère à l'égard du faux capitaine de Kœpenick.

Dernièrement, comme Guillaume II dînait chez le chancelier, la conversation vint à tomber sur les célébrités dont chaque pays s'enorgueillit.

— La Prusse a la sienne, interrompit l'empereur, et c'est le capitaine de Kœpenick, le héros du jour.

Quelqu'un hasarda l'opinion que cet homme avait montré vraiment du génie et qu'il méritait d'être gracié.

L'empereur répliqua sévèrement :

— Il n'y a pas de grâce pour des gens qui ont passé au bagne vingt ans de leur vie.

Voilà qui ne laisse pas d'être inquiétant pour le pauvre capitaine.

Der „Matin", die pariserischste aller Pariser Zeitungen, bringt hier die auch durch die deutsche Presse gegangene Anekdote, wonach der Kaiser während eines Diners beim Reichskanzler gesagt haben soll:

„Preussen hat auch seine Berühmtheit, den Hauptmann von Köpenick", Darauf meinte Jemand, daß er eigentlich begnadigt zu werden verdiente. Der Kaiser aber erwiderte ernst: „Für Leute, die 20 Jahre ihres Lebens im Zuchthause verbracht haben, gibt es keine Begnadigung".

Der Gentleman von Köpenick.

Der alte Zuchthäusler spricht sehr gewählt. Er weiß es; und wie andere arme Schelme auch, die sich nicht gern mit Kleinigkeiten mehr abgeben wollen, hat er den Zug zum Höheren. Mit ersparten Groschen besucht er eifrig Theater und Konzerte und studiert die feinere Haltung und Tournüre; trotz seinem gebeugten Rücken und trotz seiner Arbeit auf dem Schusterschemel. „Habe ich mich nicht benommen wie ein Gentleman?" fragt der Verhaftete, mit der Genugtuung im Ausdruck: „Ich bin nicht auf den Kopf gefallen, aber ich habe mir meine Ausbildung etwas kosten lassen."

Hauptmann von Köpenick, du Schustergeselle, jetzt siehst du zum Erbarmen aus. Mit der Uniform, vor der Militär, Polizei und Ratsbehörde sich neigten, ist dein Gentleman-Nimbus dahin. Unter „homerischem Gelächter" wurdest du zur Untersuchung abgeführt. Ein leibhaftiger Schuster, hager armselig von Gestalt, mit dem Stempel des Gehetzten im Gesicht, und ein Hauptmann. Unter Krämpfen hielt man sich den Bauch.

L. Schönhoff im „Tag", (Berlin).

Aus dem Jahre 2006.
(Beim Hofball in Berlin.)

„Ist das ein alter Adel, Herr Leutnant, der des Generalmajors ‚Voigt von Köpenick'?"

„"Nee — seit 1906! Urgroßvater hat einmal mit dreizehn Mann — Stadt gestürmt!""

„Lustige Blätter."

Unter polizeilicher Aufsicht.

Stand einst wer unter Aufsicht
Der Popopolizei,
So war dem Haderlumpen
Nicht wohl zu Mut dabei,
Heut' aber fühlt sich keiner
So ungeniert und frei,
Als wenn er unter Aufsicht
Der Popopolizei.

Dem Schuster Voigt zum Beispiel,
Dem schlauen Galgenstrick,
Der so famos bemogelt
Das Städtchen Köpenick,
Wär' nie der Coup gelungen,
So ohne Schererei,
Wenn er nicht unter Aufsicht
Der Popopolizei.

Nie hätte soviel Roheit
Entwickelt an Gefühl
Und Spekulationen
Die nette Madam Riehl,
Wenn sie nicht wär' gestanden
Bei ihrer Kupplerei
In liebevoller Aufsicht
Der Popopolizei.

Kurzum, das allermeiste,
Was heut' verbrochen wird
Und was an Raub und Diebstahl
Und ähnlichem passiert,
Der allergrößte Unfug,
Die ärgste Schweinerei — — — *)
Der „Floh" (Wien).

*) Die Schlußzeilen wolle man gefl. im Original lesen.
Der Herausgeber.

Eine Postkarte, die die „Polizeiliche Aufsicht" von einer anderen Seite beleuchtet, als das nebenstehende Gedicht.

Die Zukunft Köpenicks.

Köpenick aber ist auf dem Wege, Weltstadt zu werden. Tausende werden dort hinziehen in der Hoffnung, es könne sich ähnliches wieder ereignen. In das Köpenicker Stadtwappen sehen wir die Worte „Trau, schau, wem!" eingefügt, ein Riesenhotel „Zum falschen Hauptmann", in dem dreitausend reisende Engländer zugleich Unterkunft finden können, wird sich in der Köpenicker Heide erheben. Ein „Hauptmann-Museum" wird in Köpenick begründet, dort werden späte Geschlechter noch „die falsche Schärpe", „die Hosen aus Posen" und „den weggeworfenen Degen" finden. Es war, wird man später sagen, um die Zeit, da durch die „Denkwürdigkeiten Hohenlohes" in weiten Kreisen Mißstimmung erzeugt war, da trat wie gerufen der falsche Hauptmann von Köpenick in die Erscheinung, und im Nu war alles von ungeheurer Heiterkeit erfaßt.

„Kladderadatsch."

BLACK & WHITE

SATURDAY NOVEMBER 3 1906

THE COBBLER WHO HAS MADE THE WHOLE WORLD LAUGH
A portrait of Voigt, who imposed on the Burgomaster of Koepenick, a suburb of Berlin, with such amazing effrontery, together with a view of the room in which he was arrested by the police

Das bekannte englische Blatt bringt die Stube, in der der „Gauner, der die ganze Welt lachen machte", gelebt hat und verhaftet wurde.

Stoßseufzer eines Leipzigers.

Wär's im April, so dächt ich baß,
Man will jetzt Witze machen,
Das ist fürwahr ein Riesenspaß
Und doch ist's nichts zum Lachen. —
Daß Euch Berlinern dies passiert,
Daß man so sehr Euch angeführt,
Verdoppelt mein Ergötzen,
Laßt Euch ein Denkmal setzen. —

Der dies vollbracht, ich staun ihn an,
Den Frechdachs ohnegleichen,
Gar mancher kann dem schlauen Mann
Fürwahr nicht 's Wasser reichen. —
Ich wünscht, er hätte abgeführt
Und eingesteckt und arretiert
Die Fleischverteurer und Pod
Zur Steuerung der Fleischpreis=Not.

„Leipziger Abendzeitung."

JUGEND Nr. 44 (Redaktionsschluss: 23. Oktober 1906)

Ein Zukunftsbild oder "Schreckliche Folgen des Gaunerstreiches von Köpenick"

Der wirkliche K. preußische Hauptmann v. Pechwitz hält eine vom Schießplatz kommende Abteilung an und befiehlt ihr, ihm bei der Verfolgung des Deserteurs Meier behilflich zu sein. Ungeheure Heiterkeit der Soldaten. Ruf: "Dir kennt man schon! Spitzbube in Uniform!"

v. Pechwitz wird grob. Die mißtrauische Soldateska wird noch gröber und gibt ihrer Entrüstung über die vermeintliche Mystifikation schneidigen Ausdruck.

v. Pechwitz zermartert sein schmerzendes Haupt mit den Fragen: A. Wodurch ist die Disziplin im k. preußischen Heere so auf den Hund gekommen? B. Wie komme ich ohne Hosen wieder nach Potsdam?   "Jugend."

Die Eroberung von Köpenick.
Von Heine redivivus.

Ich schnarche im Grab wie ein Murmeltier,
Mein Schlaf ist ein fester und echter,
Da klingt von Deutschland herüber zu mir
Ein höllisches Hohngelächter.

Ein Lachen, so mächtig, so überlaut,
Wie ich es noch niemals vernommen;
Ich glaube, Germania, die holde Braut,
Ist plötzlich ins Tollhaus gekommen.

Auf springen von all dem lauten Schall
Die Deckel der Gräber und Särge.
Es kommen hervor die Toten all,
Die Haare gesträubt zu Berge.

Sie wackeln umher, von Schweiß bedeckt,
Sie sind vom Schlafe noch trunken,
Und fragen, wer sie emporgeschreckt,
Und fluchen dem frechen Hallunken.

Da muß ich wohl oder übel auch
Vom Totenbett mich erheben,
Muß schielen über Mauer und Strauch,
Was sich in Deutschland begeben.

Aha! Da kommt er im Stelzenschritt,
Der preußische „Hauptmann der Garde",
Zehn Grenadiere, die hat er mit,
Die sind seines Leibes Warte

Zwei Stunden hat er die Stadt beherrscht,
Sie lag ihm machtlos zu Füßen,
Dann ging er gelassen wie ein „Fürscht",
Und ließ seine Truppen grüßen.

Gefälscht die Order, gefälscht der Befehl,
Nur echt die viertausend Emmchen,
O Köpenick, du großes Kamel!
Du schüchternes Unschuldslämmchen!

Lägst du an den masurischen See'n,
Man zauste dir schon die Ohren —
So aber liegst du bei Spreeathen,
Liegst dicht vor der Hauptstadt Toren.

Das ist der Respekt vor der Uniform,
Die Scheu vor den blanken Knöpfen!
Die richten ein Unheil ganz enorm
In allen germanischen Köpfen.

Das ist die deutsche Knechtseligkeit,
Das unterlänigste Wedeln,
Das ist die Schmach noch aus alter Zeit
Bei Bauern, Bürgern und Edeln.

Noch immer ist Deutschlands Bürgertum
Des freien Geistes Verächter —
Nun hat es dahin seinen Narrenruhm,
Sein unauslöschlich Gelächter!

Blast aus, blast aus euer letztes Licht,
Begrabt eure Zukunft in Duster:
Der Hauptmann war gar kein Soldate nicht,
Er war ein gewöhnlicher — Schuster!

Ein Schuster nur konnte auch ganz allein
So unaussprechlich „versohlen!" ...
Leb wohl, leb wohl, mein Land überm Rhein,
Und bleib mir auch ferner — gestohlen!

„Süddeutscher Postillon."

Aus „Jena oder Köpenick?"

Auf hohen Befehl.

Um Vorkommnisse wie in Köpenick für die Zukunft unmöglich zu machen, sind alle Bürgermeister der Monarchie nach Berlin befohlen zum genauen Studium eines wirklichen Gardehauptmanns.

Der Held.

Wenn ihr nach dem Namen frogt,
    Heißt er Friedrich Wilhelm Voigt.
Kaltes Blut. Intelligenz.
    Gutes Herz und tüchtiger Menßß.

Jetziges Deutschland? Kleine Zeiten!
    Hennig, Voigt, Persönlichkeiten.
Helden negativer Sorte.
    Positive nicht am Orte.

Wäre gern ein Eigentümer.
    Heirat. Spätes Glück. Frau Riemer.
Zuchthaus wiederholte Male.
    Altershoffnung: Schuhfiliale.

Schöner Plan. Es störte diesen
    Polizei. Raus! Ausgewiesen.
Rumgestoßen, westlich, östlich.
    Rechtssystem bewährt sich köstlich.

Schlauer Helde! Kaffeeschluck.
    In die Zuchtanstalt zaruck.
Eingegraben voll und ganz.
    Triumphator: Langerhans.

        „Gottlieb" im „Tag" (Berlin).

Hundert Jahre nach der Schlacht von Jena
    hat der falsche Hauptmann von Köpenick den Militärgötzen geschlagen.

Hundert Jahre nach der Schlacht von Jena
    hat der „Zauber der Montur" den Bürger von Köpenick in Ehrfurcht ersterben lassen.

Hundert Jahre nach der Schlacht von Jena
    ist der Staat — der Soldat.

        „Kikeriki", Wien.

Hauptmann: Hoheit, habe mit Hilfe preußischer Militärassistenz erst Bülowen mit zwei Mann nach Spandau eskortieren lassen und dann für Sie den Thron von Braunschweig gestohlen.

Der heilige Rock von Köpenick.

. . . Die sehr ernste Seite des Falles ist die „Anbetung des heiligen Rockes", die sich bei uns in Deutschland als eine gefährliche Krankheit herausgebildet hat. Der bunte Rock gilt als so heilig, daß der Träger dieses Rockes schon fast selbst als ein Heiliger gilt, der weit über Urteil und Vorurteil erhaben ist. Wir sind die letzten, die an Militärfeindlichkeit litten, im Gegenteil! Wir halten nicht nur das Militär, sondern auch einen weitgehenden Schutz seiner Mitglieder gegen ungerechtfertigte Verhetzungen für notwendig; aber wir halten es für Blödsinn, jeden Mann ohne Ansehen der Person, seines Tuns und Lassens schon deshalb für ein „Noli me tangere" zu halten, weil er einen bunten Rock auf dem Leibe trägt. Wohin dieser — gelinde gesagt — Wahnsinn führen muß, das hat der Köpenicker Fall so klar gezeigt, daß er hoffentlich nicht bloß zu Spott und Hohn, sondern vielmehr auch zur bitter ernsten Lehre dienen wird.

Wir lesen, daß der Mann sich erst in den Geschäften informiert hat, wie ein Hauptmannssäbel aussieht, daß er nicht einmal einen Offiziershelm von dem eines Gemeinen unterscheiden konnte; wir lesen, daß der Mann in seiner saloppen Haltung in der nicht einmal vorschriftsmäßigen Uniform ganz unbeteiligten Leuten aufgefallen ist, und doch gilt der Rock für so heilig, daß jeder seine ernstesten Bedenken im Busen treu bewahrt und beim bloßen Verdacht schon ein geheimes Grusen über den Körper zucken fühlt, als habe er eine Gotteslästerung begangen. Die Polizei in Köpenick, die doch gewiß nicht berufen ist, einem frechen Gauner beim Ausplündern des Rathauses behilflich zu sein, ist vom Glanze des bunten Rockes so geblendet, daß sie nicht sieht, was jeder Unbeteiligte gesehen hat, und selbst ein Königlich Preußischer Unteroffizier, der auf einen Kilometer erkennt, ob ein Mann eine kleine Ecke eines versteckten Knopfes nicht vorschriftsmäßig geputzt hat, bemerkt nicht das schreiend vorschriftswidrige Exterieur des angeblichen Hauptmanns. Er vertraut ihm die Soldaten an, für die er allein verantwortlich ist.

Wir finden dieselbe Erscheinung überall im Alltagsleben. Kein Straßenbahnschaffner wagt es, selbst wenn es nötig wäre, einem Offizier energisch entgegenzutreten, und genau so geht es überall da, wo der Offizier eben auch nichts ist als eine Privatperson. Das ist krankhaft und albern, und daß es auch gefährlich ist, das lehrt laut und eindringlich der Fall des falschen Hauptmanns von Köpenick. Wenn es wahr sein sollte, daß der Gauner geisteskrank ist, dann ist die Sache doppelt beschämend, denn der Geisteskranke wäre dann noch eine Leuchte der Intelligenz im Vergleich mit denen, die berufen waren, über Ordnung und Sicherheit zu wachen, die aber nur den heiligen Rock anbeteten.

Aus der „Dresdener Gerichtszeitung".

Aus „Jena oder Köpenick?"

Der Uniformschreck.

„Ick bin der verstorbene Wrangel und habe eene Kabinettsorder vom ollen Fritzen: Folgen Sie mir, wir wollen den Juliusturm stürmen!"

Der Wachthabende: Zu Befehl, Herr Generalfeldmarschall!

Riesenhafte Frechheit! Kolossale Gemeinheit! Unglaublich!

„Aus Jena, oder Köpenick?"

Der Schwindler von Köpenick hat dem Kasino des 1. Garderegiments zu Fuss sein Bild verliehen.

Schlußstrophen und „Bilder der ‚Schauermär von Köpenick" in der „Berliner Illustrierten Zeitung"

Der 18. Brumaire in Köpenick.

... Und das gibt denn dem Köpenicker Eulenspiegelstreich seine über alle Nebenumstände und kleinen Feigheiten der mitspielenden Personen hinausragende Bedeutung. In einer dreisten Mummerei enthüllt sich das innerste Wesen des preußischen Staates, von dem indes die anderen Militärstaaten nicht allzuweit abliegen. Der falsche Hauptmann hat aus einer witzig-genialen Intuition in die allgemeinen preußischen Verhältnisse gehandelt und hätte sein Stückchen überhaupt in jeder beliebigen Kleinstadt aufführen können. Die militärische Maschine ist jedem Offizier willig, der ihre Kurbel greift. Ist aber einmal eine Militärabteilung im Marsche, dann verschwinden vor diesem erhabenen Anblick alle Gedanken an Gesetz und Recht, alle Gefühle des Bürgerstolzes und der Männlichkeit. Und hat man sich darüber wirklich gar so sehr zu wundern? Eine alle Schichten durchdringende „militärische Erziehung", die selbst die höchsten zivilen Funktionäre in der Würde des Reserveleutnants die vornehmste Auszeichnung erkennen läßt und die den Vorzug des Militärischen in allem willig zugesteht, hat in der Tat in den weitesten Kreisen des Bürgertums bürgerliches Selbstgefühl und bürgerlichen Stolz bis zum letzten Restchen ausgetilgt. Der falsche Hauptmann hat mit seinem keckem, genialen Gaunerstreich nur anschaulich gemacht, was im Grunde jeder Urteilsfähige über die öffentlichen Zustände in Preußen meint und urteilt. Und wenn der beste Sittenlehrer durch Lachen belehrt, so gebührt diesem wackeren Manne nicht das Zuchthaus, sondern ein Denkmal als Praeceptor Germaniae.

„Wiener Arbeiterzeitung."

Preussische Disziplin I.

„Ulk."

Mit diesen beiden Bildern „verherrlicht"

„Ulk."

der „Ulk" die preussische Disziplin.

Die erste vielbelachte Münchener Postkarte.

Nach hundert Jahren

Vor hundert Jahren bei Jena und Auerstädt ging viel von dem Renommee der preußischen Truppen verloren.

Hundert Jahre nach Jena jedoch wurde die Reputation der Preußen durch deren fromme Haltung bei Köpenick wieder auf das Glänzendste hergestellt.

Wiener „Figaro".

Zwei „Situationskarten"

vom „Kriegsschauplatz".

In Berlin, der preuss'schen Residenze, Zwar Berlin ist's nicht direkt gewesen. Aber ach, es wurde bald gemerkt, So ist's auch in Wirklichkeit gewesen.
Wo es so viel schlechte Menschen gibt, Sondern dicht dabei bloss Köpenick. Dass die ganze Sache Schwindel war. Alle Welt steht da und brüllt und lacht,
Ward aus höchst verwerflicher Tendenze Aber jeder hat wohl schon gelesen Zwar ist's nicht mehr Zeit der sauren Gurken; Gott sei Dank, dass wir in lieben Dresen
Neulich eine schwarze Tat verübt. -Diesen höchst genialen Gaunerrick. Doch der Hauptmann war kein solcher gar. Diesen grossen Pudel nicht gemacht!

"Dresdener Rundschau."

 Köpenick.

Einer, dem's an Geld und an Betätigungsmöglichkeit fehlt und der diesen Mangel tiefer als andere empfindet, weil Natur ihn mit reicherer Phantasie und kühnerem Willen begabt hat als Hunderttausend, die sich behaglich nähren und paaren, langt eines Tages dreist nach Fortunens Mütze. Er zieht den Rock eines Hauptmannes aus dem Ersten Garderegiment an, führt ein von einem Getreuen aus der Schwimmanstalt heimwärts geführtes Soldatentrüppchen und sagt, eine Kabinetsorder des Kaisers befehle ihm, in Köpenick, wo in der Kommunalverwaltung etwas faul sei, den Bürgermeister und den Kassenrendanten zu verhaften. ...Ich will die Einzelheiten nicht wiederholen. Jeder hat sie gelesen, jeder belacht. Drei Tage lang gab's keinen anderen Gesprächsstoff als diese Geschichte. Sie hat's verdient. Neben ihr wirkt Goethes Bürgergeneral wie eine verstaubte Witzblattfigur, wirkt Gogols meisterliche Revisorkomödie wie ein schaler Schwank. Noch nie vielleicht hat die vox populi, populorum so einstimmig einen Menschen gekrönt, den der Staat von Rechtes wegen pehmt, als Betrüger und Räuber verfolgt. Der Hauptmann von Köpenick hat seinen Plan so scharfsinnig, mit so sicherer Psychologenkunst erdacht, bei der Ausführung sich so ruhig, so ganz als Herrn der rasch wechselnden Situation gezeigt, dass nur Tröpfe ihm den Büttel an den Hals wünschen. Was hat er getan? Einer voll und ganz, einer unentwegt freisinnigen Mannesseele Angst eingejagt. Einer wohlhabenden Kommune ein paar Tausendmarkscheine entwendet. (Der zehnfache Betrag würde an einem kurzen Vormittag aufgebracht, wenn solche Nationalspende den Verfolgten vor Strafe bewahren könnte.) Gegen ein halbes oder ganzes Dutzend Paragraphen verstossen. Dem Land aber unschätzbaren Dienst erwiesen. Wie Fiesko zu dem römischen Maler, könnte der Müggelheld zu den stärksten Satirikern sprechen: „Ich habe getan, was Ihr nur malet!" Und die diesmal winzige Philisterschar, die empört trischelt und lüstern nach dem Racherecht ruft, könnten unsere Röteln nicht besser abfertigen als mit den Worten des Edelmannes, der in Goethes Lustspiel die Sache Schnapsens, des Büffülus, führt: „Wie viel will das schon heissen, dass wir über diese Kokarde, diese Mütze, diesen Rock, die so viel Übel in der Welt gestiftet haben, einen Augenblick lachen konnten!" Damals war's die Kokarde, die Mütze, der Rock des bösen Nachbars (Schnaps gibt sich für einen Werber des Jakobinerklubs aus), jetzt die Uniform des Prinzenregimentes der preussischen Garde.

Maximilian Harden in der „Zukunft".

DIE MUSKETE

Humoristische Wochenschrift

Der Zauber der Montur.

So, jetzt können Se Braunschweig vor Preißen in Besitz nehmen.

～ Köpenick. ～

In rätselvolles Dunkel
Ward endlich Licht gebracht —
Der Hauptmann ist ein Schuster!
Wer hätte das gedacht?

Zur Strafe — und zum Gespötte
Hat jeder sein Teil jetzt weg.
Nur trägt der Schuster die Kette,
Der Bürgermeister sein Pech!

„Leipziger Tageblatt."

4*

Berliner Volksblatt.
Zentralorgan der sozialdemokratischen Partei Deutschlands.

Freitag, den 19. Oktober 1906.

Berlin, den 18. Oktober.

Von Jena nach Köpenick.

„Wenn ich so unter den preußischen Exzellenzen sitze, so wird mir der Gegensatz zwischen Norddeutschland und Süddeutschland recht klar. Der süddeutsche Liberalismus kommt gegen die Junker nicht auf. Sie sind zu zahlreich, zu mächtig und haben das Königtum und die Armee auf ihrer Seite. Auch das Zentrum geht mit ihnen. Alles, was ich in diesen vier Jahren erlebt habe, erklärt sich aus diesem Gegensatz."
Hohenlohes Denkwürdigkeiten.

Die Welt lacht. Über die deutschen Grenzen hinaus, über den englischen Kanal und den atlantischen Ozean hinweg dringt ein schrilles Hohngelächter. Die Welt lacht auf Kosten des preußischen Junkerstaats. Die Achtung, die deutsche Wissenschaft, deutsche Industrie sich im Auslande erworben haben, erstickt in einem spöttischen Gelächter. Die gebildeten Kreise des Auslandes sehen ohnehin bei allem Respekt vor den Leistungen deutscher Wissenschaft und deutschen Gewerbefleißes auf die Verfassungsinstitution Preußens und seine Mandarinen mit spöttischem Lächeln herab; Minister von der geistigen Universalität eines Podbielski und dem philosophischen Wissen eines Studt dünken ihnen nur existenzmöglich in Preußen; aber die Komik der Köpenicker Rathausbesetzung hat dieses halbverstohlene ironische Lachen zu ohrenbetäubenden Lachsalven gesteigert. Würde für den Kulturstaat Preußen auch der Satz gelten, daß Lächerlichkeit tötet, die ostelbische Junkerschaft müßte wie einst in Jena unter Gelächter zusammenbrechen. Doch die ostelbischen Mandschus haben schon so manchen Schimpf und Spott erduldet, daß auch dieses Hohngelächter an ihrer Dickhäutigkeit abprallt.

Berlin, den 19. Oktober.

Die politische Bedeutung des Köpenicker Gaunerstreichs.

... Deshalb existiert für die konservativen Blätter nur die komische Seite des Köpenicker Vorfalles. Ihr gilt — wenigstens der breiten Öffentlichkeit gegenüber — die ganze Sache nur als „ein fauler Witz"; und die Kronsbeinsche „Post" hat sogar herausgefunden, daß die Sozialdemokratie zu einer politischen Betrachtung des Handstreichs nur der Wunsch treibt, die Disziplin des Heeres zu lockern und die hehre preußische Autoritätsgläubigkeit zu vernichten — nach ihrer Auffassung ein Unterfangen, das sich als Hochverrat qualifiziert.

Beiblatt zum Kladderadatsch

Der Hauptmann von Köpenick oder Der gestohlene Bürgermeister

Publikum, vernimm die Mär der Mären
Von der grimmig gräßlich krausen Greueltat!
Ach, noch immer weinet blut'ge Zähren
Köpenick, die hochjelobte Stadt.

Wo die weißen Wäschermädchens bleichen
Weiße Wäsche in die jrüne Feld,
Köpenick, laß mich den Kranz dir reichen,
Denn dein Ruhm erfüllt die weite Welt!

Eines Tages saß dein Bürgermeister
In der Rathaus voller Seelenruh,
Plötzlich schrie er „alle juten Jeister"!
Und sprang uf: „Wat is denn det nanu!?"

Und es trat een Hauptmann von die Jarden
Mit drei Jrenadiere in't Lokal;
An des Hauptmanns Mütze die Kokarden
Saßen falsch zwar, doch det is ejal.

Ja, 'ne Mütze hatt' er uf dem Koppe
Trotz der Schärpe, die er trug, der Mann,
Hatt' 'nen Hängeschnauzbart wie 'ne Robbe,
Wat jeht det den Bürgermeister an?

Eenen Hauptmannssabul, leenen Dolch
Trug der Kerl mit forscher Glejanz,
Dennoch war keen Hauptmann, nur en Strolch
Wie Rinaldo er und Schinderhannes.

Eene Schulter und een Backenknochen
Standen raus, die Beene machten O,
Na, da merkt een Kind wat von zwee Wochen
Bloß keen Bürjermeister nich — i wo!

Tiefer sah die Biese an der Hose,
Und im Zeitraum eines Augenblicks
Lag in tiefer Uniformnarkose
Jleich der Bürjermeister Köpenicks.

Denn Soldaten sind ja mitjewesen
Mit dem Hauptmann. Als bei Plötzensee
Er dem Dutzend Krieger ufjelesen,
Hielt er eenen Zettel in die Höh:

„Kabinettsbefehl!" Na selbstverständlich
Brachte der den Kram sojleich zu Schick,
Und per Bahn entführte — es is schändlich! —
Er det Militär nach Köpenick.

Seite 1 des Bänkelliedes im „Kladderadatsch".

ARESZTOWANIE BURMISTRZA W KÖPENICKU

„Genialny oszust", tak nazywają pewnego szewca z Köpenicku, który przebrał się za kapitana, kazał aresztować burmistrza miasteczka, ukradł kilka tysięcy marek i uciekł. Wiele czasu upłynęło, zanim go złapano. Burmistrz Köpenicku był właśnie przy śniadaniu, gdy go „aresztowano." Od czasu tego „gaunerstreichu" oficerowie niemieccy będą mogli podlegać „rewizyi", będzie wolno sprawdzać, czy mają legitymacye, czy nie.

„*Nowy Tygodnik.*"

Die polnische illustrierte Zeitung bringt vorstehendes Bild, das auf realistische Korrektheit allerdings keinen Anspruch erheben darf.

Der Hauptmann von Kapernaum.

Ein bibelfester Leser schreibt uns: Der Hauptmann von Köpenick identisch mit dem bekannten Hauptmann von Kapernaum! Endlich ist es gelungen — aber nicht der Berliner Kriminalpolizei — die Identität des Hauptmanns von Köpenick festzustellen. Man überzeuge sich davon in der Bibel und lese:

Evang. Matth. Kap. 8 Vers 9.

Der Hauptmann zum Bürgermeister: „Siehe, ich habe unter mir Kriegsknechte. Und wenn ich zu dem ersten sage: „Gehe hin!" so geht er, und sage ich zum andern: „Komme her!", so kommt er, und zum dritten: „Tue das, so tut er es!"

Evang. Matth. Kap. 8 Vers 10.

Der Hauptmann (für sich): „Wahrlich, ich habe noch niemals gefunden einen solchen Glauben!"

„Frankfurter Zeitung."

Einige Episoden in der Darstellung des „Wiener Interessanten Blattes".

The Daily Telegraph

LONDON, FRIDAY, OCTOBER 19, 1906.

BERLIN'S GREAT HOAX

ASTOUNDING COOLNESS OF THE IMPOSTOR.

ALL GERMANY LAUGHING.

THE KAISER'S ATTITUDE.

From Our Own Correspondent.
BERLIN, Thursday Night.

Although rewards amounting in the aggregate to 2,500 marks (£125) have been offered for the apprehension of the Koepenick "captain," and his trousers and cap have been found in an out-of-the-way district, the police are still without any real clue to his whereabouts. The best detectives are employed in his pursuit, and Berlin, and for that matter, the entire Empire, is watching the chase with breathless interest. It is stated that the Kaiser has signified his intention shortly to issue an Imperial Rescript to the army which will make such occurrences impossible in the future.

Meanwhile, the newspapers are full of the "captain" and his bold deed, and one or two details of his proceedings after leaving Koepenick have been laid bare. It seems that he hailed a butcher's cart and drove in it until he reached a quiet street in the poor quarter of Berlin. There he visited a clothier's establishment, bought a suit, and negotiated the only thousand-mark bill in his booty. Hailing a droshky he drove to the nearest railway station, and went into the lavatory there to change his clothes. Beyond this nothing is known.

Further details of his extraordinary coolness and presence of mind are canvassed. His transactions with the town cashier in the Rathaus were of surpassing boldness, his signature in the books, his careful inquiries into the state of the cash balance were superb, his handwriting that of an educated man. He spoke grammatically and with distinctly aristocratic modulations. His assumption of the command of the Koepenick gendarmes and police left no doubt as to the genuineness of his claim. Never for a moment did he forget his part. His cool impudence was shown in the conversation he had at the Rathaus with Dr. Goring, one of the clerks. Dr. Göring begged to be permitted to attend a meeting of his department in the upper room. "Certainly," said the "captain." "you may go. As the Bürgermeister and the cashier have both been arrested I entrust you with the supreme position. You are the new master of the town."

While the captain was engaged with the cashier the police inspector of Koepenick appeared. He was looking for the Bürgermeister to beg for a short leave of absence. "You may have your leave," said the captain, with an inimitable wave of his hand, and the grateful police officer departed, bowing, of course.

An incident of this character has actively engaged all the wits of Berlin. Already the Friedrichstrasse gutter is lined with rows of seedy individuals selling postcards illustrative of what they call the "coup d'état at Koepenick." Doggerel verses are being sung, recounting in epic strains the "captain's," thrice-valiant deeds. One third-rate publishing house announces a forthcoming "history of the robber captain." And how he raised the Koepenick Rathaus. Last night at the Metropole Theatre, in the middle of a burlesque, which occupies that stage, ten soldiers of the Guard are marched before the audience with a disreputable man in a shabby captain's uniform at their head. To every one of his orders they reply with enthusiastic "Ja's." The grave side of the matter is forgotten in the carnival of fun which it has occasioned.

TO THE EDITOR OF "THE DAILY TELEGRAPH."

SIR,—The amusing and audacious robbery at the Rathaus of Koepenick by a thief disguised as an officer in the German Army reminds me of a clever crime in London, which also depended on the trustfulness inspired by uniform; and you will recognise how long ago this happened when I tell you that in those days Londoners had a reverence for clergymen which was only equalled by their respect for policemen, and a man clad in the orthodox costume of either was welcomed as a pillar of the Constitution.

A silversmith in the City was visited one day by a clergyman who asked to look at some silver teapots, coffeepots, and urns. He made his selection, and, explaining that he was choosing a testimonial, handed over in payment a £100 note entrusted to him for that purpose by his parishioners. While the parcel was being done up the jeweller, to make assurance doubly sure, sent the note round to the Bank of England, and it was returned to him as perfectly genuine. He had barely placed it in his pocket and was handing the clergyman a receipt when the shop-door opened again. Another clergyman. The two consistories looked at each other in surprise that rapidly grew into delight. "What, Smith!" "Why, Brown!" And in another moment the two old friends were warmly shaking hands. Even the self-contained jeweller could not refrain from decorous mirth when it appeared that, by the oddest of coincidences, the second clergyman had also come up to choose a testimonial. Immediately the counter was covered with forks, spoons, toast-racks, cruet-stands, and decanters, and, amid general merriment, another goodly parcel was made up. The first clergyman already had his testimonial under his arm, the second was holding his bundle in one hand and pulling some banknotes out of his pocket with the other, when again the shop door opened.

No—not a third clergyman! This time a policeman hustled in, all importance and energy. The two clergymen seemed visibly to shrink into their shoes. "Ah, ha!" growled the minion of the law, with ponderous glee. "Got you at last, my beauties!" —and turning to the horrified jeweller, "calling themselves Mr. Smith and Mr. Brown, I suppose, and talking about testimonials from a grateful parish! Hey?" The jeweller confessed they had. "Well," said the policeman, triumphantly, "their names are Smart and Punch, the cleverest thieves in the metropolis." And, as a matter of solemn fact, they were. But this little story is not quite ended yet.

"In with you!" growled the policeman, slapping the handcuffs on to each, and pushing the wretched pair into a waiting four-wheeler—"and come along with them, sir, if you don't mind assuming the course of justice for a few moments." The jeweller, still bewildered, and still with the first banknote in his pocket, got into the cab with the two pseudo clerics, who were still grasping their testimonials under their arms in a dazed way; and with the constable inside and another policeman on the box, the four-wheeler drove rapidly away. They had not turned many corners before the jeweller felt strangely dizzy. In a few moments more he lost consciousness.

He awoke some hours afterwards with a splitting headache, in a deserted four-wheeled cab, that had been dragged, without its horse, into a lonely corner near the docks. His watch and purse had gone. It turned out afterwards that not only both clergymen, but also both policemen, had been as fraudulent as the audacious "officer" at Koepenick. They had secured two handsome parcels of silver, and, besides the plunder on the jeweller's person, they had got back their original capital of the genuine £100 note, together with various shorthanded trifles picked up during the confusion in the shop.—I am, Sir, faithfully yours,
A LONDONER.

Das Interessante an dem nebenstehenden Berichte des „Daily Telegraph" ist die angefügte Mitteilung aus dem Leserkreise des Blattes, gezeichnet „A Londoner".

Sie erinnert daran, daß in London in der Zeit, wo sich die Geistlichkeit bei den Londonern noch ganz besonderen Ansehens erfreute, ein Schwindel vorkam, der wohl als Gegenstück zu dem Vorfalle in Köpenick dienen kann. Bei einem Juwelier in der City erschien eines Tages ein Geistlicher, der darum bat, silberne Teekannen, Kaffeekannen und Vasen besichtigen zu dürfen. Er erklärte, im Auftrage seiner Gemeindemitglieder ein Geschenk kaufen zu wollen, und zahlte mit einer Hundert-Pfundnote. Der Juwelier verzögerte das Einpacken der Geschenke und schickte mittlerweile die Banknote nach der nahegelegenen Bank von England, wo sie als durchaus echt bezeichnet wurde. Er steckte die Note vergnügt in seine Tasche und war eben dabei, dem Geistlichen eine Quittung auszustellen, als sich die Ladentür von neuem öffnete und ein zweiter Geistlicher eintrat. Die beiden geistlichen Herren sahen sich zunächst erstaunt an und brachen sodann in Freudenergüsse aus. Sie begrüßten sich als alte Bekannte, die sich lange nicht gesehen hatten, und gaben sich die Namen Smith und Brown. Der Juwelier war erfreut, zu hören, daß auch der zweite geistliche Herr von seiner Gemeinde beauftragt war, ein Geschenk auszusuchen. Der Ladentisch lag bald voll von Silbersachen aller Art und der zweite Geistliche traf eben seine Wahl, als ein Polizist hereingestürzt kam, dessen Erscheinen die Geistlichen vollständig zusammenbrechen ließ. „Aha! da habe ich Euch endlich", rief der Polizist. Sich zu dem bestürzten Juwelier wendend, fügte er hinzu: „Die nennen sich Smith und Brown, nicht wahr, und wollen Gemeindegeschenke aussuchen? Ihr wirklicher Name ist Snark und Pinco und sie haben mit den gewandtesten Dieben in London zu tun gehabt." Nach diesen Worten legte er den zitternden Geistlichen, von denen der eine sein gekauftes Geschenk fest unter dem Arm hielt, Handfesseln an und zwang sie, in eine Droschke zu klettern. Den Juwelier forderte er auf, ihn für einen Augenblick zum Polizeiamt zu begleiten. Der Polizist selbst stieg mit in die Droschke und ein zweiter Polizist bestieg den Bock. Der Wagen fuhr darauf schnell weg. Er war noch nicht lange gefahren, als der Juwelier eine merkwürdige Schläfrigkeit verspürte. Nach mehreren Stunden erwachte er mit heftigen Kopfschmerzen an einer einsamen Stelle in den Docks in der leeren Droschke. Die Geistlichen und Polizisten waren verschwunden und mit ihnen die Geschenke, seine Uhr, seine Geldbörse und die Hundert-Pfundnote. Als der Beraubte nach Hause kam, fand er, daß auch dort in der Verwirrung der Verhaftung der Pseudopolizist mit dem Pseudo-Geistlichen manches wertvolle Stück geraubt hatte. Die Sache wurde niemals aufgeklärt.

Nummer 1 **Münchner Flugblatt** Preis 10 Pfg.

Organ für grobe Wahrheiten und wahre Grobheiten

Das Blatt erscheint wenn es mag · Kaufen kann es wer will · Man darf Anzeigen einrücken lassen, aber man muß nicht · Hauptmitarbeiter: Michel Grobian und Maler Rafael Klexius.

Der
Hauptmann von Köpenick

Klage über die Schlechtigkeit im Allgemeinen. — Ueber die Berliner im Besonderen. — Ueber die Einnahme von Köpenick. — Ueber die falsche Verhaftung in Krefeld. — Guter Rat und Schluß.

Text von Michel Grobian. Bilder von Rafael Klexius.

Wehe, wehe, wehe, viermal wehe,
Ach mich juckt's vom Schädel bis zur Zehe.

Eh gestattet, daß ich einmal schnupf,
Bor ich an der Klage-Leier zupf.

Ueberall, an allen Ed' und Enden,
Tut sich's jetzt sehr zum Bösen wenden,
In Hannover sprach man lang und breit,
Daß es aus sei mit der Sittlichkeit.

Immer noch ist vielen Menschen eigen,
Sündenhaft die Kinder zu erzeugen,
Und die Kinder wenn sie groß und stark,
Treibens dann gleich nocheinmal so arg.

An den Storch glaubt längst kein Jüngling nimmer,
Und desgleichen nicht die Frauenzimmer,
Sündhaft schmiegt Geschlecht sich an Geschlecht. —
Sodom und Gomorrha! · ist das recht?

So nur ganz alleine konnt es kommen,
Daß man fast nichts gibt mehr auf die Frommen,
Einzig und allein das Militär,
Blieb unangetastet noch bisher.

Wenigstens im Königreiche Preußen,
Sah man selten einen 's Maul aufreißen;

Wenn auf 1000 Meter in der Rund,
Eine Uniform man sehen kunnt.

Aus Nr. 1 und 2 der eigens „auf den Räuber-Haupt

Ja, es kann in Preußen viel gelingen,
Wenn man d'Schnauze gut weiß anzubringen,
Uniform, sowie Kommandoton
Das genügt im Allgemeinen schon

Nicht die Nord-see, die wir alle kennen,
Nicht die Ost-see, die wir öfter nennen,
Gilt so viel im schönen Preußenland,
Wie die Schnau-zee das ist allbekannt.

Also schnauzen konnt er, der Herr Schuster, —

Mit Soldaten kann man viel, das wußt' er,
Hätt' gefaßt noch andre beim Genick,
Nicht bloß die zwei Herrn von Köpenick!

Wäre gar ein Präsident gekommen,
Hätte er den auch beim Schopf genommen,
Und die Truppen, wenn er kommandiert
Hätten ihn verhau'n und abgeführt.

Denn Soldaten haben heut wie morgen
Nicht zu denken, sondern zu gehorchen
Selbst vor einem Hauptmann in der Tat,

Der im Frei'n sich eingekleidet hat.

mann hin" gegründeten Zeitschrift „Der Dreschflegel".

Der militärische Gehorsam.

Nach dem Militärstrafgesetz erläutert von Lattenfritze.

Een Vorjesetzter schmettert den Befehl.
Und wenn der Unterjeb'ne, det Kamel,
Ihn nicht befolgt jetreu nach Wort und Sinn,
    Denn liejt er drin!

Und wenn er nicht jenügend vorbereitet,
Und wenn er den Befehl jar überschreitet,
So äussert sich det Strafjesetz dahin:
    Der Kerl liejt drin!

Und is et etwa jar keen Vorjesezter,
Man bloss so'n Schuster, so en wertgeschätzter,
Und hält er ihn vor'n Vorjesetzten doch,
    Fliejt er in't Loch.

Und wenn er erst zu fragen sich erfrecht,
Ob des Befehlers Rang und Titel echt,
Weil er ihm vorkommt krumm und schief und eckig,
    Denn jeht's ihm dreckig.

Und weess et der Soldat prenumerando,
Det uf Verbrechen abzielt det Kommando,
Und wird er een Komplice sozusagen,
    Jeht's ihm an'n Kragen.

Und wenn er, um det Unheil zu vermeiden,
Bemerkt dem Vorjesetzten janz bescheiden,
Det solch Befehl ihm sehr gefährlich schien',
    Erschiesst man ihn.

Er kommt aus eener in de andre Klemme,
Aus eenem in det andere Dilemma,
Ob so, ob so, der Kerl, da kannste wetten,
    Is nich zu retten!

        „m." in den „Lustigen Blättern."

Neuestes Sensations-Telegramm.
(Braunschweig drei Stunden in der Gewalt des Köpenicker Räuberhauptmanns.)

„Lustige Blätter."

Vormittags 9 Uhr: Heute rückte ein Individuum an der Spitze einer alten Kanone (Vorderlader) in der Tracht eines rechtmäßigen Herzogs von Braunschweig in die Stadt. Der Mensch zeigte einen angeblichen „Kaiserlichen Kabinettsbefehl", der den Fürsten Cucumis XI. zum Herzog von Braunschweig designiert, und ließ sich sofort vom Bürgermeister Salz, Brot und einen großen Schnaps (!?) geben.

10 Uhr: Dem Staatsminister Otto, der Legitimationspapiere verlangte, drohte er sofort mit der Kanone und ließ ihn gewaltsam vereidigen!!

10½ Uhr: Einem Bürger, der ein schmutziges Hemde unter dem Hermelinmantel entdeckte und deshalb nicht „hurra" rufen wollte, schlug der Mensch derart mit dem schweren Zepter über den Kopf, daß er einen doppelten Schädelbruch erlitt und die „Wacht am Rhein" anstimmte.

11 Uhr: Darauf nahm er beim Denkmal „Heinrich des Löwen" die Parade über die Garnison ab, wobei es bereits auffiel, daß seine Hosen oben mit einem Bindfaden am Körper befestigt waren!

11½ Uhr: Er schickte ein Beileidstelegramm (!!) an den Herzog von Cumberland, dann ließ er sich den „Welfenfonds" zeigen und öffnete sofort gewaltsam den Tresor, während sämtliche Tambourkorps der Garnison „Wirbel" schlagen mußten. (Wie raffiniert!?)

12 Uhr: Dann ließ er sich rasieren, die Ehrenjungfrauen vorstellen und schenkte einer der Damen eine Busennadel (bei Wertheim für 22 Pfennige zu haben').

12½ Uhr: Der falsche Herzog benutzte die freudige Erregung, die seine Amnestie für alle „wegen patriotischen Gehirndrucks (compressio cerebri) entmündigten Personen" unter der Bevölkerung verursachte und verschwand in einem Omnibus in der Richtung — Bahnhof.

2 Uhr nachmittags: Da man zwei Stunden später in der Bahnhofstoilette die Krone und das Zepter fand, faßte man in Braunschweig Argwohn und benachrichtigte sofort die Köpenicker Polizeibehörde.

3 Uhr nachmittags: Diese stellte mit Hilfe eines Berliner Schutzmanns und des Preußischen Ministers für Auswärtige Angelegenheiten fest, daß 1. die Kabinettsorder gefälscht, 2. daß der Verbrecher es wahrscheinlich nur auf den Welfenfonds abgesehen hatte! Eine Quittung, wie in Köpenick, hatte er nicht ausgestellt!

3½ Uhr nachmittags: Eruiert ist bis jetzt, daß der Verbrecher die Krone, den Hermelinmantel und Zepter im Maskenröbelgeschäft von Salomo Posener in der Rosenthalerstraße erstanden hat. Die Krone paßte nicht recht und mußte mit Papierschnitzel gefüttert werden.

Der Herzog von Cumberland hat wegen des unerhörten Schreckens einen Nervenschoc davongetragen,

Das Geschütz, die „faule Grete", wurde aus dem Zeughaus in Berlin gestohlen. Der Schwindler hatte die „Neue Wache" (!!) alarmiert und unter dem Vorwande, daß er wegen der Geburt eines holländischen Thronfolgers so schnell als möglich Salut schießen müsse, drei Mann und einen Gefreiten zur Hilfeleistung requiriert.

der ihm aufs Gehirn geschlagen ist. Er wütet entsetzlich und behauptet, die Regentschaft in Köpenick sofort antreten zu müssen.   M. Br.

Die Jagd nach dem Gauner.

Auf, wer den Gauner fangen will!
Zweitausend sind kein Pappenstiel.

Ein Bäckerjunge schreit: „Hurra!
Ih, kieke doch, da steht er ja!"

Der Gauner macht sich schleunigst dünne,
Daß er dem Publikum entrinne.

Zuletzt mit einem kühnen Satz
Entgeht er knapp der wilden Hatz.

Hoho! Ein Auflauf! Aber schnell
Ist da die Schutzmannschaft zur Stell'.

Besänftigt ist des Volkes Wut — Was doch ein roter Kragen tut!
Aus „Jena oder Köpenick?"

Ein „schöner" Steckbrief.

Der Berliner Polizeipräsident erließ hinter dem angeblichen „Hauptmann" einen Steckbrief mit folgendem Signalement: „Etwa 50 Jahre alt, 1,75 Meter groß, schlank, nach vorn gebeugte Kopfhaltung und vorgehaltene Schulter. Das Gesicht ist gelblich und häßlich, krankhaftes Aussehen, eingefallene Backen, vorstehende Backenknochen, tiefliegende Augen, ehemals rötlich-blonder, jetzt grau-melier, starker, herunterhängender Schnurrbart, schiefe Nase, etwas krumme, sogenannte O-Beine, die Hände waren schmal und weiß."*)

Dem Signalement entsprechend konstruiert hier die „Dresdener Rundschau" das Gesamtbild des Täters.

„Dresdener Rundschau."

*) Also sogar im Steckbrief sind die „schmalen welken Hände" hervorgehoben die gar nicht existierten.
Der Herausgebr.

Köpenicker Ausgabe.   **10 Pfg.**

Der Grobian

Nr. 43   1906   3. Jahrg.

Der preußische Kadavergehorsam in Wort und Bild.
(Die Blamage von Köpenick.)

Der Weg in den Zukunftsstaat.

Endlich hat die Vorsehung in Köpenick gezeigt, wie wir schnell in den Zukunftsstaat gelangen können. August Bebel verschafft sich eine Feldmarschall-Uniform und sofort steht vor ihm das Heer stramm und wartet seiner Befehle.

Das viele Geld aus dem Juliusturm und das Privatkapital wird konfisziert und — fertig ist die Laube!

„Wahrer Jakob".

Eine Scherz-Postkarte.

Köpenick und kein Ende.

... Und was für ein drolliges Städtchen, dieses Köpenick! Der Geist der Shakespeareschen Komödie ist hier allenthalben lebendig und verträumte ein idyllisches Dasein, bis er nun jetzt ein wenig gewaltsam aufgerüttelt und nun der Welt unter dem Brillantfeuer preußisch-märkischer Kultur präsentiert wurde. Denn das Gefängnis der Stadt schmückt die — Freiheitsgasse, das Krankenhaus liegt verschämtermaßen oder aus Bequemlichkeitsgründen auf der — Kirchhofsstraße, nach der wahrscheinlich auch der Direktor des Krankenhauses getauft ist, denn er heißt Tod. Und der allerkleinste Barbier im Städtchen heißt Langer. Das Lustigste aber ist, daß scherzhaft aufgelegte Architekten beim Bau des Rathauses über jedem Fenster grinsende Fratzen anbrachten, die alle Nuancen des Lachens darstellen ... Welch prophetische Geister!

Die Nachrichten über dieses Jena von Köpenick und die Ankündigungen von verschiedentlichsten „Spuren" des „Herrn Hauptmanns", der so gut seine Zeit verstanden hat, überstürzen sich weiter. Wilhelm II. soll dem bedauernswerten Herrn Bürgermeister, der nach bürgerlichen Blättern sonst „ein unerschrockener Mann und ein tüchtiger Jurist" ist, sein allerhöchstes Ungehaltensein kundgetan haben, weil er sich als Reserveoffizier durch einen vorschriftswidrig gekleideten Offizier habe verblüffen lassen. Außerdem berichtet man, daß der Kaiser die Bestrafung der Mannschaften angeordnet habe, weil sie die Wache verließen. Die armen Kerls! Sie parierten ja nur dem gestrengen Herrn Hauptmann und sind genau so unschuldig wie der Stadtherr von Köpenick ....

„Leipziger Volkszeitung."

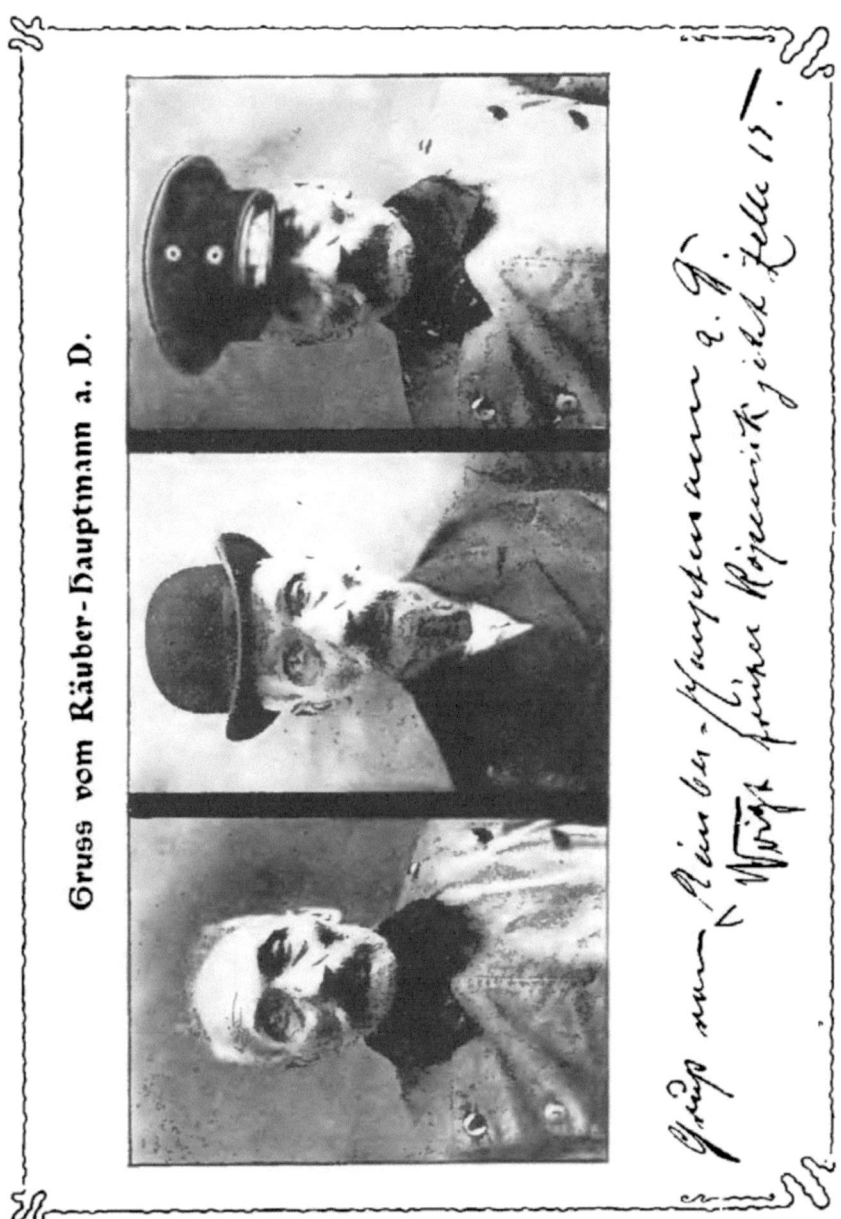

Eine andere Scherz-Postkarte mit „Unterschrift und Gruß aus Zelle 15".

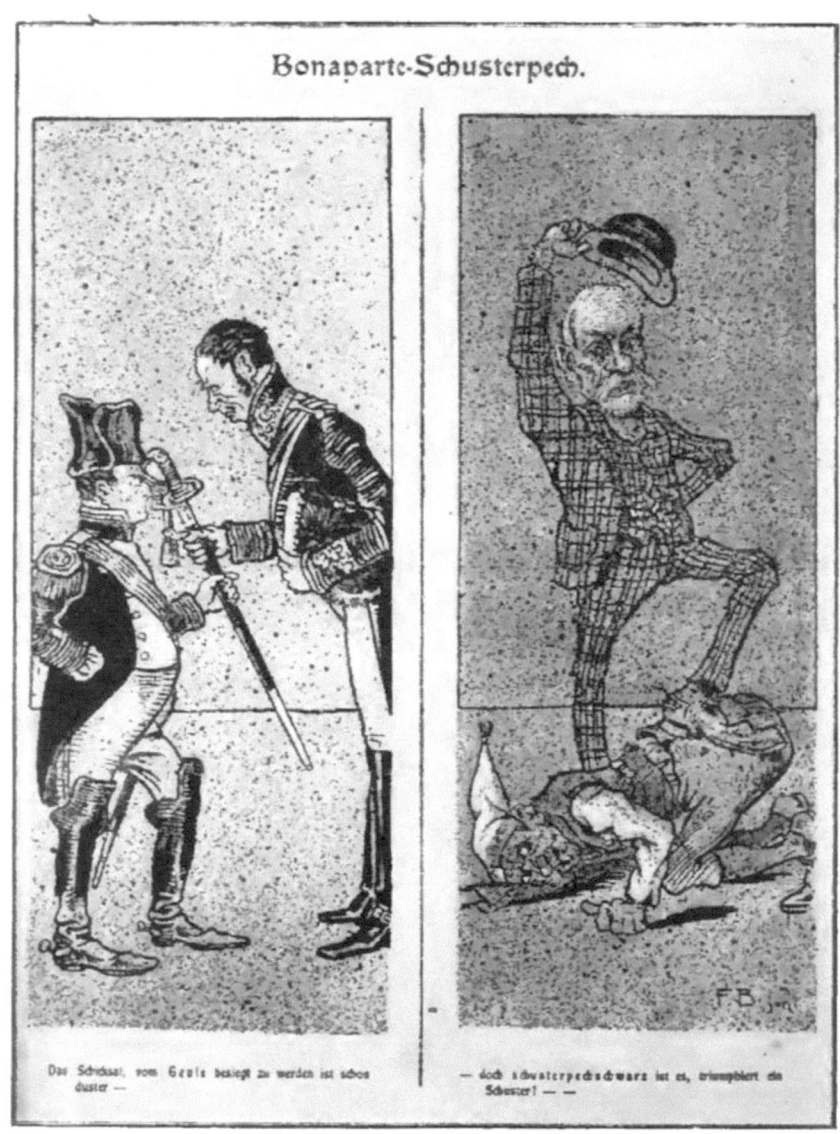

"Nebelspalter", Zürich.

Das Schicksal, vom Genie besiegt zu werden ist schon duster —
— doch schusterpechschwarz ist es, triumphiert ein Schuster! — —

„Lustige Blätter."

Reinhold Begas: Entwurf eines Rathausbrunnens für die Wäscherstadt Köpenick.

Kluge Männer von Köpenick.

„Keine Luft ist so dick, kein Volk so dumm, kein Ort so unberühmt, daß nicht zuweilen ein großer Mann daraus hervorgehen sollte." So hat einst Juvenal gesagt, und mit diesem Zitat beginnt auch das zweite Kapitel in Wielands wonnesamer Geschichte der Abderiten. Jetzt hat auch Köpenick einen großen Mann. Herr Langerhans, das Haupt dieser ehrsamen Stadt, ist über Nacht berühmt geworden. Man spricht von ihm in der ganzen Welt, und wenn sonst allzuoft der Neid der Gefährte des Ruhmes ist, so darf Herr Langerhans sich freuen, daß man den jungen Ruhm ihm neidlos gönnt. Und er hat ihn sich sauer verdient. Welche trüben Stunden mochte er durchleben, als er von dem Kerl mit der krummen Nase und den Säbelbeinen, der in der Hauptmanns-Uniform in sein Bureau drang, verhaftet, und als er dann im geschlossenen Wagen zur Hauptwache in Berlin transportiert wurde! So mochte König Ludwig dem Sechszehnten zu Mute sein, als man ihn nach mißlungenem Fluchtversuch nach Paris zurückgeführt hat! Getreulich hat ihn auf dem Leidenswege die Gattin begleitet und mit dem Tüchlein ihm den perlenden Angstschweiß von der Denkerstirn getrocknet. Das Bild ist rührend und dennoch tröstlich: Die Heldenweiber Germaniens sind noch nicht ausgestorben.

„Leipziger Neueste Nachrichten".

Reschbekt vor der Uniform.

Ich lach' mich schepp und buck-
   lich!
Das war noch gar net da!
Von Köpenick, der Hauptmann,
Hurra! Hurra! Hurra!

Sogar der Gerhart Hauptmann
Hat so kaa Bombeglick
Und ist so schnell bekannt wor'n,
Wie der von Köpenick.

Wie aans die Sach aach ansieht,
Es bleibt sich ganz egal,
Sie war auf alle Fälle
Verdeiwelt schenial.

Ich lach' mich schepp und buck-
   lich!
Des is ja unerheert
Wie hoch die Uniform hie
In Deutschland werd geehrt.

Un wie, wenn selbst en Haupt-
Der falsch ist, was verstegt [mann
In Berjerkreise alles
Dann uff dem Bauch gleich
   kriecht.

Was hat der Berjemaaster
Sofort so hibsch pariert?!
Wie wurd die Uniform net
Von jedem reschbektiert?!

Sagt, was Ihr wollt, des ganze
War doch en feiner Spaß!
Zum Unglück war nur leider
Zu wenig in der Kaß'.

Viertausend Mark. Nix weiter.
Dem Mann hätt' mehr ge-
   heert!
Der Spaß war zwanzigdausend
Zum mindeste doch wert.

                    Wersche.

Das als erstes auf dem Platze erschienene „Flugblatt" der „Lustigen Blätter", das eine Auflage von über ½ Million erreichte.

Der Räuber-Hauptmann von Cöpenick.

Faß' dich Publikum bei beiden Ohren,
Hör' die Köpenicker Mordgeschicht',
Diese Choje, die allda paſſieren,
Giebt's im ganzen heil'gen Rußland nicht!

Denn der hohe Magistrat mit allen Räten
Wurd' von einem Spitzbuben eingesponnen
Und 12 Mann mit scharfen Bajonetten
Halfen diesem Riesenschweinehund.

Dieser Schuft, der dies fein ausgeschwindelt,
Stak in einem Garde-Hauptmannsrock,
Wie er sich das Inventar erschwindelt,
Weiß der Teufel und der Satansbock.

Die Beschreibung sagt, er hätte eine
Nase, die nach Doppel-Ingwer roch,

Weiter hatte er auch krumme Beine
Und die linke Schulter zog er hoch.

Weiter greife ich noch aus der Fülle
Seiner Eigenarten dies heraus,
Daß er vor dem Akt in der Destille
Trank drei große Mampetropfen aus.

So im vorschriftsmäßigen Habite
Ging er nach der Tegler Scheibenschul',
Wo er mit dem Anstand, den er hatte — rite
Zeigte den gefälschten Kabinettsbefehl.

Jetzt will ich nur höchst berechtigt fragen:
Wirkte hier das Kaiserliche Telegramm —
Dem die Nörgler sonst viel nachzusagen —
Nicht elektrisierend, forsch und stramm??

Traurig stimmt's trotzdem, erzähl' ich weiter,
Nur die Nörgler lachen vielleicht Hohn, -
Daß ein Dutzend Mann und ein Gefreiter
Folgt ihm voller Subordination.

Und im Stechschritt, durchgedrückten Waden
Ging's nach Köpenick mit Mordselan;
Ja, auf das Kommando: Scharf geladen,
Wurde Pulver in die Flint' getan.

Alles fuhr aus tiefstem Mittagsschlummer
In dem Rathaus, ach die Angst war groß
Als der Hauptmann – eine feine Nummer, –
Kommandierte: „Zur Attacke" los!

Mit Hurra und aufgewichstem Bajonette
Ging's zum Oberhaupt der Stadt hinein
Fiel Herr Langerhans vom Mond ins Bette –
Konnt' der Schreck unmöglich größer sein.

Und der Bürgermeister in dem Fall:
Mußte hier gehorchen offenbar.
Weil er, meistens sind's die Bürgermeister alle,
Leider gleichfalls Leutnant der Reserve war.

Auch Herr Wiltberg, Kassenhauptrendante,
Horchte schleunigst dem Kommandoton,
Und das Scheusal schritt, das eklatante,
Eiligst nun zur Kassenrevision.

O Gerechtigkeit! Zum Gotterbarmen
Wurd' dein Bild in Köpenick verwirrt!
Denn es haben, „pflichtgemäß", Gendarmen
Auf Befehl des „Räuber-Hauptmanns" abgeführt!

Was er fand, es war'n viertausend Mark er.
Nur zwei lose Pfennig ließ er dort.
Dafür aber nahm sich der Verfterter
Von dem Bürgermeister noch das „Ehrenwort".

Und trotzdem so viele Tränen rutschen
Und Milliarden Seufzer durch die Lüfte zieh'n,
Requirierte nun das Scheusal kutschen
Für die beiden Armeen nach Berlin! –

Ach, das war ein Heulen und Gezitter
Und von Heldengröße keine Spur,
Bis Frau Bürgermeister kühn als Dritter
In die faltigen Hosen ihres Gatten fuhr'

Teutscher Bürger, findest du noch Worte?
Brüllen auf zum Himmel kann man nur,
Als nun die Bescherung mit Eskorte
Stolz die „Linden" durch zur Wache fuhr.

Aber wie so oft im Unglücksleister
War auch hier noch eine Spur von Glück,
Denn Prinz Albrecht rief: Herr Bürgermeister
Mensch, wie kommen Sie von Köpenick?!

Noch ein Trost hallt aus dem Faktum wieder,
Dessen idealer Wert enorm;
Gott sei Dank! Es gibt in Preußen wieder
Eine Achtung vor der Uniform!

Und ein Jeder runzelt jetzt die Stirne:
Wer es war? so fragt man laut und still, —
Mir allein ward Licht es im Gehirne,
Höret drum, was ich euch jetzt enthüll':

Der in Dalles so — ein Russe ist er
Dieses mich zur Lösung führen muß: —
Kokowzew war's, der Finanzminister,
Der sich anders nicht zu helfen wußt'

Aus: „Ein Plaidoyer für den Räuberhauptmann".

Hoher Gerichtshof! Der Mann, der hier abgeurteilt werden soll, hat zweifellos in einer einzigen Handlung eine Menge schwerer Straftaten begangen. Es erscheint unmöglich, diese zu leugnen, zu beschönigen oder zu vertuschen; ich will es indes unternehmen, Ihnen zu beweisen, daß alle seine Verfehlungen kompensiert werden können durch die Menge verdienstvoller Leistungen, durch die er sich den Anspruch auf den Dank der Nation erworben hat.

Er hat geraubt. Zugestanden. Aber hat dem Volke auch etwas geschenkt, ein herrliches Kleinod, nach dem es schon lange lechzte: er hat uns die nationale Operette gegeben! Ein Theater, in dem der sonnigste Humor das Zepter schwingt, eine Glanzposse für Millionen, ohne Entree, ohne Billettsteuer, ohne Garderobegebühren, ein Fest für jedermann. Er hat das heilige Lachen ausgelöst, die Universalmedizin gegen Fleischnot, Steuerkater, Kolonialverstimmung und politische Dispepsie. Für diese Wohltat hat er alles in allem 4000 Mark Honorar berechnet und zwangsweise eingestrichen, eine lächerlich geringe Summe, die uns nur die Frage nahelegt, welchen Ehrensold wir ihm nach Begleichung der Rechnung noch schuldig geblieben sind.

Er hat eine Urkunde gefälscht. Gar nicht zu leugnen. Aber mit derselben gefälschten Kabinettsorder hätte er den Juliusturm in Spandau erobern können. Welch ein rührender Zug der Bescheidenheit, daß er sich in dieser Alternative mit einer lumpigen Stadtkasse begnügte! Solche Züge opfervoller Entsagung sind selten geworden im deutschen Reiche und verlangen lauteste Anerkennung.

Er hat eine Erpressung begangen. Wird ohne weiteres eingeräumt. Aber er hat auch den Dank Hunderter erpreßt, die durch ihn in Nahrung gesetzt worden sind. In zahllosen Flugblättern und Ansichtskarten ist seine monströse Tat in die Welt hinausgegangen, sämtliche Kolporteure, Ausrufer und Straßenverkäufer haben sonn- und wochentäglich durch ihn ihr Huhn in den Topf bekommen, die Lebenshaltung einer ganzen Bevölkerungsklasse ist durch ihn erhöht worden. Er wird als ein de patria bene meritus dafür besonders zu belohnen sein.

Er hat eine Freiheitsberaubung ausgeführt. Ganz gewiß. Aber er hat auch das Freiheitsgefühl gestärkt. Denn wir alle wissen, daß es nur einen Feind des Bürgertums gibt, das ist die geistige Unfreiheit, alias Schwarzseherei. Und ich frage Sie: kann es noch einen Schwarzseher auf deutschem Boden geben, nachdem dieser gelungene Jokus Millionen deutscher Zwerchfelle erschüttert hat? Wer lacht, sieht rosig in die Welt, und diese rosige Perspektive danken wir allein ihm, dem falschen Hauptmann, dem echten Vertilger aller Schwarzseherei!

Hoher Gerichtshof! Wenn wir das Kompensationsverfahren durchführen, so bleibt ein gewaltiges Plus zugunsten dieses Mannes zurück, der ein Wäscherstädtchen zur Weltstadt erhob, der unserem lieben Köpenick beinahe zu einem Fackelzug verholfen hätte, der die Autorität des Bürgermeisters — und damit die Autorität überhaupt — neu befestigt hat. Sie freilich können ihn nur freisprechen, anderen Instanzen als dieser wird es vorbehalten bleiben müssen, ihm die volle Genugtuung zu gewähren. . . .

m.

Titelblatt der Spezialausgabe der „Luſtigen Blätter", deren zweites 100 000 ſoeben erſchien.

„Zu Befehl!"

Die Männer, die in frühern Jahren des Willens und entschlossen waren zur Ausübung von Lasterfünden ein richtiges Räuberkorps zu gründen, durchzogen kreuz und quer die Lande, zwecks Sammlung ihrer schmierigen Bande. O wie bequem hat man das heute! Das Militär stellt uns die Leute. Nicht stehlen braucht man erst die Dolche, denn die Soldaten haben solche. Sogar die teuren Feuerwaffen braucht man nicht wichs. Zwar schaut er aus wie aus dem Zuchthaus, doch dieses gleicht der Schärpe Wucht aus. Ein Helm, der war nicht aufzutreiben, drum muß es bei der Mütze bleiben; zwar trägt man Schärpe nie zur Mütze, doch dieses merkt kein Gardeschütze. Sieh' da! Es nahen sieben Mann! Der falsche Hauptmann quatscht sie an. Sie hätten nun zwar sagen können: „Wir sieben, die uns Garde nennen, sind nicht so Gunst des Segens. Noch fünf trifft er unterwegens. Auch diese weiteren fünf Mann Quatscht unser falscher Hauptmann an und ihre Dämlichkeit benutzend, befehligt er nunmehr ein Dutzend. Das Dutzend folgt

rigen Bande.

etwa erst beschaffen. Die sind schon da bei den Soldaten. Und wenn sie leer sind, läßt man laden. Denn Pulver haben auch die Knaben. Wenn sie's auch nicht erfunden haben. So dachte auch der Gauner X und stürzte sich in Hauptmanns- dumm wie junge Hunde! Geh'n Sie nach Haus, Sie sauber Runde! Wir fallen auf den Zimt nicht 'rein!" Doch sagten das die Sieben? — Nein!" Sie sagten einfach und idel: „Jawohl, Herr Hauptmann, zu Befehl!" Dem Hauptmann blüht die durch dünn und dick. Zum Rathaus hier nach Köpenick. Das militärische Räuberkorps besetzte jedes Ausgangstor.

Die Gendarmerie und Polizei war selbstverständlich auch dabei. Was tat die brave Gendarmerie? Zum Beispiel dieses konnte sie: Sie konnt' den falschen Hauptmann packen bei seinem krummen Gaunernacken.

Darauf: ihn schließen in zwei Eisen, Und dann: ihn ins Gefängnis schmeißen. „Jawohl! Das konnte sie alsbald kraft ihrer hohen Amtsgewalt — Jedoch sie wagte nichts dergleichen, Tat nur in Ehrfurcht bang erbleichen, Sie präsentierte noch nicht Karneval' Ab nach der Wolfsschlucht, Ungeheuer!" Der Mann am Ruderischen Steuer, Der hätte so vielleicht gesprochen, Doch sitzt zu tief ihm in den Knochen Das, was man preußischen Heeresgeist Und Sinn für Recht und Ordnung heißt. „So zählen Sie!" — „Jawohl, ich zähl'." Wenn man nun früher oder später Gefangen hat den Übeltäter, Wenn man ihn dann in Moabit vor Staatsanwalt und Richter zieht, So können die ihn ohne Faxen zu langer

voll Respekt Und half dem Strolche indirekt durch die Vollziehung der „Befehle", daß er den Kasseuschrank bestehle. Der Strolch, durch die Erfolge dreister, Begibt sich nun zum Bürgermeister. Und dieser - früher Offizier, Wie alle Bür- Er fragt nicht lang: wieso? warum? Nein, er verzichtet still und stumm Auf jede weitere Auskundschaftung. So glückt dem Gauner die Verhaftung; Noch extra gibt es — als Douceur — Das Offiziersparole d'honneur, Woraus man sich: Zuchthaushaft vermachen. Jedoch ich fühle es bekommen: Die Sache kann auch anders kommen. In Richtern steckt von früher her zumeist der Geist vom Militär, Wo sie aktiv in jungen Jahren Und später als Reserve waren. Wird der Herr

germeister schier - Der weiß sogar die schlimmsten Schelme Verhafter Militär im Helme. — „Mann mit der faulen Hauptmannsmütze, Und mit dem schlechten Kleidersitze! Mann mit dem Kümmel-Fusel-Hauche, Mit schlapper Schärpe an dem Bauche, Scher' er sich heimwärts knall und Fall. Im Herbst ist hat einer Dusel, Dann schade's auch nicht, riecht er nach Fusel. Zu wem der Gauner jetzt sich wandte, Das war der Kassenhauptrendante. Zu diesem sprach er: „Lieber Sohn, Wir spielen jetzt mal Revision". Erwiderte nun der Rendant: „Sie sind mir gänzlich unbekannt"? . . . O nein, er sagte: „Zu Befehl!" Hauptmann vorgeführt. Und er dann — „Freispruch!" kommandiert, O Preußenherz, kannst du dir denken, Daß sie ihm nicht die Freiheit schenken?! Gewiß, man spricht ihn schleunigst 'rei. Man steht sogar noch stramm dabei, Und wenn er dankend salutiert, Wird mit den Akten — präsentiert!   G. H.

Sonntag, 4. December 1906 — Einzelnummer 10 Pfg. — No. 13

Abonnement ... — Geschäftsstelle Dresden-Neustadt, Hauptstrasse 19 — Anzeigenpreis ...

Werdegang des „Schuster-Hauptmanns" Voigt.

Köpenick-Glossen.

In Warnemünde landete neulich Herr Vanderbilt. Zivil- und Militärbehörden aus Warnemünde und dem nahen Rostock machten ihm ihre Aufwartung. Er war sehr aufgeräumt und machte sich einen echten Millionärscherz; er erklärte nämlich öffentlich, daß er 100=Markscheine sammle. Für jeden Hundertmarkschein, der ihm gebracht wurde, gab er einen Tausendmarkschein. Natürlich drängten sich die Menschen zu ihm. Erst als er wieder in See gestochen war, merkte man, daß es gar kein Vanderbilt, sondern ein Schwindler war; die Tausendmarkscheine waren falsch.

Münchener „Jugend".

Suum cuique.

Oberst, dem ein als unsicherer Kantonist eingelieferter Mann vorgestellt wird:

Was sind Sie von Beruf?
— Schuster.
— Wo gebürtig?
— Aus Rixdorf.
— Übernehmen Sie die Führung der 5. Kompagnie!

„Ulk", Berlin.

Zeitgemäßes Inserat.

Neu! Neu!

Der sicherste Weg zum Reichtum!

Patent in allen Militärstaaten angemeldet.

Doppelseitige Offiziersuniformen aller Chargen, mit zusammenlegbaren Degen, absolut echt aussehend, in jeder Größe am Lager.

Dieselben können durch Umkehren im Augenblick in Zivil verwandelt werden.

Verlieren der Sporen völlig ausgeschlossen. Auf Wunsch werden schiefe Schultern und O-Beine korrigiert.

August Spaßig,

Militäreffektenhandlung, Kalau, Ulkstraße 7.

„Kladderadatsch."

Vorsichtig.

„Na, das is ja 'ne schöne Blamage. Sie Gefreiter, Sie hätten doch bei dem „Hauptmann" gleich sehen müssen, daß etwas faul war. Seit wann trägt man denn Mütze zur Schärpe?!"

„Zu Befehl. Ich dachte, das wäre vielleicht eine von den neuen Uniformänderungen."

„Ulk", Berlin.

Noch eine aus der Legion der Köpenick-Postkarten.

Der Schuster von Köpenick.

„Wiener Karikaturen."

Auf dem Dreifuß ganz übel
In der Werkstatt sitzt ein alter Schuster,
Flickt die Stiefel, singt dabei
Seinen Enkeln vor die Melodei:

Kinder seid gelehrig, hört mir stille zu
Dann kann es euch geraten,
Ihr kommt zu den Soldaten,
Und wenn ihr sie befehligt mit viel Talent,
Geschick,
Dann wird ein jeder Hauptmann im schönen
Köpenick.

Doch dienen müßt ihr lange,
Das darf euch nicht genier'n,
Ein jegliches Gewerbe
Muß gründlich man studier'n.

Doch wer im Zuchthaus saß drin
Gar 20 Jahre lang,
Der hat schon seine Dienstzeit
Für einen Hauptmannsrang.

Habt ihr auch krumme Beine, das mache
euch nicht bang,
Dem Rocke glauben alle
Und gehen in die Falle;
Habt ihr dann viele Kassen ausgeplündert
schon,
Kauft euch einen Zylinder und geht in Pension.

Die ganze Welt bewundert
Hell eure Meisterschaft,
Ihr werdet als Talente
Von allen angegafft.

Müßt ihr auch schließlich wandern
Durch grauen Hauses Tor,
Ihr avanciert dort drinnen
Ganz sicher zum Major.

Auf dem Dreifuß ganz übel
In der Werkstatt sitzt ein alter Schuster,
Ach, ein Hauptmann, welche Ironie!
Alles nur durch Stiefel — made in
Germany.

Nach dem Geschäfte!
oder
Der Hauptmann von Köpenick in seinem Heim!

Die Kinder: „Onkelchen! Bitte, bitte, zieh den Säbel und den Schnurrbart an und spiel' mit uns Hauptmann von Köpenick!"
Der Hauptmann: „Heute nich, Kinders, mir tut der Bauch noch zu weh von's vielem Lachen über det Stück Bürjermeister und der Jarde!"

Zwei Münchener Sensationsblätter, die sich aus der

XXXVIII. Jahrgang. **Das Bayerische Vaterland.** 1906.

München, 25. Oktober. № 243. Donnerstag, Crispin.

Bestellungen auf das „Bayerische Vaterland"
für das Quartal
November—Dezember
können bei allen Posten und Postboten gemacht werden.
Preis 1 Mk. 10 Pfg.

Köpenick, Hohenlohe und — das denkende deutsche Volk.

Aus Westfalen. Wo man heute in Preußen Gelegenheit findet, beim Volke Vertrauen zu genießen und zu beobachten, wie es wirklich denkt, kann man nur die Wahrheit anerkennen: „St. Bureaukratius und die meisten preußischen Zeitungsschreiber blamieren sich, so gut sie können". Wäre die Affaire Köpenick, die heute der an wirklich den Geist unterhaltendem und anregendem Gehalt so traurig verarmten preußischen Presse willkommenen Stoff bietet, immer wieder ihre Spalten zu füllen, in einem bayerischen Gebirgsdorfe oder Städtchen vorgekommen, so würde, sagt hier überall die Stimme des Volkes (vox populi — vox Dei), des Hohnes über „katholisch-bajuwarische Inferiorität" kein Ende sein und die meisten Zentrumsblätter würden leider ebenfalls, wenn zwar nicht über katholische, so doch über bayerische Rückständigkeit salbadern, um dem Hurrapreußentum den Rang abzulaufen. Da es sich aber um den intelligenten Sohn eines berühmten Vertreters der preußischen ungläubigen Fortschrittspartei handelt, deren Intelligenz himmelhoch über des „staatsgefährlichen Agrariertums" steht, so läuft bis jetzt das Urteil der „großen" preußischen Blätter auf den Satz hinaus: „Quando quidem bonus dormitat Homerus", — auch der Löwe hat eine kleine Schwäche.

Daß die Affaire Köpenick eine neue Illustration der geistigen Höhe des preußischen St. Bureaukratius ist, ist der stete Refrain aller wahren Kreise des Volkes bei Unterhaltungen über die Groß-Berliner Komödie. Die treffenden Volksstimmen näher anzuführen, ist im Lande nicht rätlich, wenn auch auf dem Papiere der Verfassung der Satz steht: „Die Wissenschaft ist frei".

Das Volk weiß eben keine Tatsachen anzuführen, welche beweisen, daß die preu-

hische Justiz die Wahrheit anerkennt, wenn sie ein einfacher Mann aus dem Volke ausspricht. Das Volk bestreitet ja nicht, daß unsere Justiz einen Edelstein auch dann als Edelstein anerkennt, wenn er in eine ärmliche Hülle eingewickelt ist; es behauptet ja nur, unsere Justiz frage stets nur: „Wer hat das gesagt?" und kümmere sich nie darum: „Ist das Gesagte wirkliche Tatsache oder Lüge?" Aber, wenn das Volk Tatsachen aufzählen soll, welche beweisen, daß die Justiz die Wahrheit jedem gegenüber anerkennt, so weiß es solche Tatsachen nicht. Fragt man Volkskreise: „Wer hat den Krieg von 1870 veranlaßt? so zuckt man ängstlich die Achseln. Fragt man trotz des Schulzwanges: „Wer regierte in Preußen seit 1866?" so schweigt man beredt. Fragt man über die Hohenloheschen Memoiren, so fragt das Volk wieder: „Was ist alles verschwiegen und warum; wäre es für das Volk nicht notwendig, eine geheime Volkssprache zu haben, um untereinander verstehen zu können?" Fragt man das Volk: „Was erreicht der Schulzwang?" so sagt es: „Das Gegenteil, was die Väter des Schulzwanges dachten, das Volk lernt zwischen den Zeilen lesen, lernt ahnen, was diplomatisch weise verschwiegen wird."

Mag darum ein Generalstreik der Bergarbeiter früher oder später kommen, das Volk in den Großstädten vergißt keinen Tag des alten Fritz Wort: „Après nous le déluge". Auch das Volk, soweit es noch wirklich religiös ist, sagt: Der als ruhiger Politiker und Dichter von Gottes Gnaden anerkannte Zentrumsabgeordnete Fr. W. Weber schreibt:

„Lies die Geschichte im ganzen und großen,
Du wirst Dich nicht zu sehr erbosen,
Dich unterweilen sogar erbau'n
An großen Herrn und edlen Frau'n.
Doch wenn Du ins Besond're gehst,
Der Dinge Zusammenhang verstehst
Und kennst die List der Inscenesetzer,
Bedungene Betrüger, betrogene Schwätzer

Und all den Plunder der Gaukelei:
Dann ekelt Dir vor der ganzen Bande,
Der Menschheit Geschichte ist ihre Schande.

„preussischen Affäre" eine Extrawurst gebraten haben.

Der preußische Schulmeister als „Stadthauptmann".

Ringsum herrschte tiefer Friede,
Stille lag die Erde da,
Als im alten Preußenlande
Jüngst ein netter Fall geschah,
Der uns lehret und verkündet,
Was sonst nicht ein jeder wüßt',
Daß der Schulmeister aus Preußen
Immer noch am Leben ist.

Köpenick, das bied're Städtchen,
Das — trotz Langerhans — bis heut'
Wenig Weltgeschichte machte,
Steht vor einer neuen Zeit,
Unsterblicher Ruhm knüpft fürder
An den schlichten Namen an,
Ungemischte frohe Laune
Schafft der Casus jedermann.

Bürger, laß' vor deinem Auge
Erst den Fall vorüberzieh'n,
Traurig, düster, drollig, ullig,
Ernst und heiter, schlau und kühn,
Eh' die Nutzanwendung weiter
Du magst ziehen als Gewinn:
Das ist dieses unerreichten
Strammen Drilles tiefer Sinn

Zieht ein desperater Kerl
Eine Uniform nur an,
Darf er von dem Augenblicke
Schalten als gemachter Mann.
Darf gebieten, drohen, schimpfen,
Alles blickt zu ihm empor,
Zitternd, zagend — seinen Worten
Lauschend mit gespitztem Ohr.

Darf des Volksheers rauhe Krieger
Führen bis ans End' der Welt,
Darf dem Zivilistenpacke
Freiheit rauben, Gut und Geld
Braucht sich nimmer auszuweisen,
Ei, das wäre Schimpf und Schand'.
Wer die Uniform 'mal traget,
Ist für niemand unbekannt! — — —

Wär' das Faktum da aus Preußen
Eine weise Lehre nur
Für die nimmermüde, hohe
Stechschritt-Militärkultur!
Möcht' allüberall man forschen
Künftig doch bis man's entdeckt,
Was da oftmals alles in dem
Passend bunten Rocke steckt! — — —

Aus dem Wiener „Figaro".

Wie die Engländer den Hauptmann von Köpenick plastisch darstellen.

Der Schuster Voigt in Wachs modelliert für ein Londoner Wachsfiguren-Kabinett.

Schusterpech.

Germania, Germania,
Wie stand'st du brunhildenhaft markig da!
   Vor deinen wildwallenden Locken
   Ist Mancher recht derb schon erschrocken!
Wenn du sie geschüttelt mit flammendem Blick,
Wich mancher dir feindliche Recke zurück,
   Weil dir beizukommen nicht wußt er —
   Und war doch viel mehr als ein Schuster...

Germania, Germania,
Wie kam nach Sedan dir leicht keiner nah!
   Vor deiner geharnischten Büste
   Verlor sich's Revanche-Gelüste.
Selbst heute noch, nach deinem Briefmarken-Bild,
Erscheinst du gepanzert zu bleiben gewillt,
   Ein abweisend Heldenweib-Muster —
   Da traut sich an dich wohl kein Schuster?

Germania, Germania,
Vor hundert Jahren nur stückweise da,
   Bist nunmehr du „schneidig" beisammen!
   Du setztest von Fett ein paar Wammen
Auch an, um mit Würde im Völkerrat
Zu präsidieren als Weltmacht-Staat
   Und schmissest in Wichs dich illustr' —
   Stach der Glanz ins Auge 'nem Schuster?

Germania, Germania,
Auf Erden schreit Niemand wie du Hurra!
   Weil Andere dir scheinen nur zwergisch,
   Und du dir wie'n Landsknecht energisch,
Umhaust du die Erde im Größenwahn
Und rempelst sogar deinen „Vetter" an,
   Daß 'mal dich zu boxen kriegt Lust er —
   Und er ist auch mehr als ein Schuster

Germania, Germania,
Geh' in dich, bedenke, wie dir jüngst geschah:
   Wie all dein großmächtiger Dünkel
   Geworfen ward schmählich in Winkel
Nur von 'nem geriebenen Galgenstrick,
Der arg dich blamierte durch Köpenick!
   Zu packen am Zopfe dich wußt er —
   O jerum, „versohlt" von 'nem Schuster!

Germania, Germania,
Gesteh' es nur, es ging dir nah. —
   Ist auch die Geschichte nur närrisch,
   Sie traf dich, weil du gar zu herrisch!
Von „schneidig" der Weg ist nicht weit zu frech,
Drum gönnt man dem Michel sein Schusterpech!
   Nun werfe sich noch in die Brust er —
   Ad absurdum geführt von 'nem Schuster!

                    „Nebelspalter", Zürich.

Sie haben ihn!
(Ein vorausgeahntes Extrablatt.)

Die Bürgerschaft von Köpenick
Kriegt allgemach den Rummel dick,
Weshalb' sie nach Berlin berief
Herrn Sherlok Holmes, den Detektiv.

Der Bürgermeister Langerhans
Erklärt Herrn Holmes den Fall erst ganz.
Herr Holmes hört aufmerksam ihm zu:
„O Yes, ich weiß schon, was ich tu."

Herr Holmes begann nun in Berlin,
Die Straßen alle zu durch-
ziehn',
Und wo er einen
Hauptmann sah,
Gleich schlängelt er sich
'ran allda.

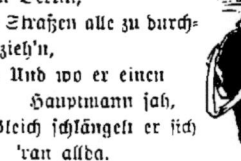

Ob jener reinlich, ob salopp,
Herr Holmes riecht jedem an dem Kopp;
Warum? man weiß da nichts Ge-
wisses — —
Doch plötzlich ruft er: „Dieser ist es".

Wieso nun fing er gleich den Gimpel?
Je nun, der Fall ist ziemlich simpel.
Denn: jeder Haupt- und Ehren-
Mann,
Der wendet das „Jawol" stets an.

Der Lump nur, der die Tat ver-
brochen,
Der hat nicht nach „Jawol" ge-
rochen,
Daran ward gleich der Strolch erkannt
Und schnell nach Moabit verbannt.

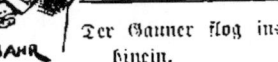

Der Gauner flog ins Loch
hinein.
Herr Holmes streicht die Be-
lohnung ein,
Stolz ruft er: „Well, ich wußt' es ja,
Hoch das ‚Jawol', hip=hip Hurra!"

Nach berühmtem Muster.

Lude: Schtilljestanden Ede.

Ede: Mensch, Lude, du hast woll direktement en Vogel jekriegt.

Lude: Halts Maul, oder willste dir ene Beamtenbeleidigung zuzieh'n? Siehste nich, ick bin doch Hauptmann von de Schloßjarde; jetzt jeh' ick nebenan in die Destille und verhafte erst en Kleenen, nachher kommt die große Verhaftung.

Ede: Aha, du willst dir besaufen.

Lude: Ick sage dir, Ede, drücke dir en bißken jewählter aus! Siehste nich, dat ick ene jeheime Kabinettrolle habe. Nu muß ick mir man bloß noch en kleenet Regiment von de Soldaten holen, dann jeh ick of dat Rathaus un seh nach, ob die Kasse schtimmt, schtimmt se, nehm ick se mit, schtimmt se nich, wird se von mir beschlagnahmt!

„**Lustige Blätter.**"

Vereinfachtes Verfahren.

Der Köpenicker Rinaldini hat sich noch viel zu viel Umstände gemacht. Die Sache ließe sich viel einfacher und müheloser arrangieren. Nämlich so: ich kaufe mir bei einem Trödler für 75 Pfennig eine alte Militärmütze. Wenn ich dann frühmorgens in meinem Schlafrock am Fenster die Zeitung lese und höre eine Kompagnie Soldaten vorbeimarschieren, so setze ich die Mütze auf, stecke den Kopf zum Fenster hinaus und erteile den Leuten den Befehl, die nächste Stadtkasse auszuplündern und das Geld auf meinen Namen bei der Reichsbank zu deponieren.

(Aus „Jena oder Köpenick?")

Schmollis!

Graf von Luxemburg!

Allgemein beliebte, feine Cigaretten der
COMPAGNIE LAFERME.

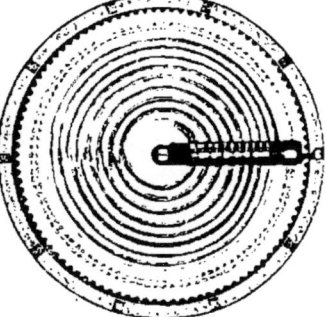

Prämiiert mit gold. Medaillen.

Rechenmaschine „UNION"

Preis 9 Mark.

Neueste Konstruktion. — Nach Leistungsfähigkeit, Eigenart und Billigkeit ohne Konkurrenz. — Addiert, subtrahiert, multipliziert, dividiert etc. neunstellige Zahlen mechanisch, direkt u. fabelhaft schnell. Man verlange genaue Beschreibung, Abbildung und Gutachten.

Dr. Albert Hauff,
Berlin-Halensee-L.

Vieltausendfach im Gebrauch.

Originell! Die Freude selbst! **Amüsant!**
—— In höchst eigener Person: ——
Der Herr Hauptmann von Köpenick
als Platzkommandant
Humorvoll modellierte Statuette,
Höhe 22 cm
Mk. 3,75 incl. Verpackung
ab Magdeburg.
Gustav Köhler, Magdeburg
Postfach No. 1.

Schlußwort des Herausgebers.

Vor der Gerichtsverhandlung.

Aus einer Berliner „Bierzeitung".
Anspielung auf die Köpenicker Publikationen
der „Lustigen Blätter".

Das Stück ist aus, der Vorhang fällt,
Das Schlußtableau heißt „Moabit",
Die sich halb tot gelacht, die Welt,
Gespannt noch einmal auf Dich sieht.
Trittst Du nun vor das Tribunal,
Wohlmeinend ich Dir raten möcht':
Benimm Dich! — Wie? ist ganz egal —
Jedoch benimm Dich „stilgerecht"!

Wie Du nach Brauch des Ehrenmanns
Des Bürgermeisters Wort begehrt,
Und wie Du vor Frau Langerhans
Den „Kavalier" hervorgekehrt, —
Zeig' auch in des Gerichtes Saal
Des Geistes Spannkraft ungeschwächt,
Benimm Dich! — Wie? ist ganz egal —
Jedoch benimm Dich „stilgerecht"!

Beim Kaffee, als mit schwerem Tritt
Der Häscher kam, sprachst ruhig Du:
„Noch einen Schluck, dann geh' ich mit" —
Und knöpftest Deinen Rock Dir zu.
Drum heuchle jetzt nicht Seelenqual
Und winsle nicht, — es stünd' Dir schlecht.
Benimm Dich! — Wie? ist ganz egal —
Jedoch benimm Dich „stilgerecht"!

Als ein „Satiriker der Tat"
Gefielst Du uns mit Deinem Spiel,
Jetzt, wenn der Tag der Sühne naht,
Verleugne nicht den „Hauptmannsstil"!
Nein, höre mich zum letzten Mal:
Enttäusch' uns nicht im Endgefecht!
Benimm Dich! — Wie? ist ganz egal —
Jedoch benimm Dich „stilgerecht"!

Albert Brinitzer.

Das Urfidelste

ist das

hochamüsante Gesellschaftsspiel
Der Räuberhauptmann von Köpenick

und

der gestohlene Bürgermeister

Mit dem porträtgetreuen „Hauptmann" aus Zinn (Urdrollig!)

Mit den 12 Original-Zinn-Grenadieren (hoch originell!)

(Gesetzlicher Schutz angemeldet.) — Entworfen von **Johann Bahr**.

Ausserdem 6 Karten, 1 Würfel und ein in vielen Farben hochelegant ausgeführter über ½ Meter im Quadrat grosser Plan mit 28 witzigen Zeichnungen und Versen von dem bekannten Mitarbeiter der „Lustigen Blätter" und „Fliegenden Blätter"

=== **JOHANN BAHR**. ===

Dazu sehr drollige Anleitung und Regeln zum Spielen für 2—12 Personen.

Warnung!
Verlangen Sie nur das **Original-Spiel** von **Joh. Bahr** (gesetzl. Schutz angemeldet), da Nachahmungen angeboten werden!

Preis: In eleganter Aufmachung in ff. Karton **1,50 Mark**.

Das Spiel ist durchaus harmlos und deshalb für Kinder als Geschenk besonders geeignet.

Humboldt-Verlag
BERLIN SW. 68
9, Charlotten-Strasse 9.

Achtung!
Kaufen Sie nur das Spiel mit dem **porträtgetreuen Hauptmann von Köpenick** aus Zinn- und den 12 Original-Zinn-Grenadieren, entworfen von **Joh. Bahr**

Alle Kinder wünschen das Räuberhauptmann-Spiel von Bahr!

Bekannt vor Zeiten schon, vor alten,
War Köpnick durch die Waschanstalten.

(Bild- u. Textprobe des Planes. — Das Original enthält 28 solcher Bilder, in vielen Farben ausgeführt.)

Der Budiker ist in der Tat
Der Einzige, der Argwohn hat.

(Bild- u. Textprobe des Planes. — Das Original enthält 28 solcher Bilder, in vielen Farben ausgeführt.)

Jeder Mitspieler des hochamüsanten Gesellschaftsspieles

Der Räuberhauptmann von Köpenick und der gestohlene Bürgermeister

von JOH. BAHR

nebst dem porträtgetreuen „Hauptmann" aus Zinn und den 12 Original-Zinn-Grenadieren erlebt noch einmal alle die zwerchfellerschütternd-komischen Szenen des genial ausgedachten Streiches.

Der „Räuberhauptmann" wird bestimmt das **Lieblingsspiel** aller Familien, besonders der Kinder werden!

Der Preis des Spieles, in elegantem Karton, beträgt **nur 1.50 Mark**, mit Porto **2.00 Mark**, gegen Voreinsendung oder Nachnahme.

Humboldt-Verlag, Berlin S.W. 68, Charlottenstr. 9.

Hier aber, die Frau Bürgermeestern
Ist, wie man sieht, auch nicht von gestern.

(Bild- u. Textprobe des Planes. — Das Original enthält 28 solcher Bilder, in vielen Farben ausgeführt.)

Der arme Kutscher ist geprellt
Um sein so schwer verdientes Geld.

(Bild- u. Textprobe des Planes. — Das Original enthält 28 solcher Bilder, in vielen Farben ausgeführt.)